HARALD LESCH
KLAUS ZIERER

GUTE BILDUNG SIEHT ANDERS AUS

WELCHE SCHULEN UNSERE KINDER JETZT BRAUCHEN

Penguin Random House Verlagsgruppe FSC® N001967

2. Auflage

Neumarkter Straße 28, 81673 München
produktsicherheit@penguinrandomhouse.de
Lektorat: Eckard Schuster, München
Umschlaggestaltung: Büro Jorge Schmidt, München
Umschlagmotiv: © Shutterstock/exopixel und Freudi
Satz: satz-bau Leingärtner, Nabburg
Druck und Bindung: GGP Media GmbH, Pößneck
Printed in Germany
ISBN 978-3-328-60361-0

www.penguin-verlag.de

INHALT

PÄDAGOGISCHE KRISENZEITEN

Wenn wir auf Schulen blicken, haben wir es mit einer paradoxen Situation zu tun. Noch nie

- waren die Klassen so klein wie heute,
- gab es so viele Lehrerinnen und Lehrer und pädagogisches Personal wie heute und
- war so viel Geld im System wie heute.[1]

Diesen Bemühungen zum Trotz ist es um das Bildungsniveau nicht sonderlich gut bestellt. So

- gehen die Leistungen im Lesen, Rechnen, Schreiben und den Naturwissenschaften zurück,
- lässt die körperliche Verfassung zu wünschen übrig und
- erweist sich die psycho-soziale Entwicklung bei immer mehr Kindern und Jugendlichen als ungesund.[2]

Wir stehen mitten in einer Bildungskrise. Man könnte es sich einfach machen und schließen: Dies ist die Folge der Coronapandemie. Aber das wäre zu einfach. Denn die empirischen Ergebnisse weisen seit mehr als zehn Jahren in eine Richtung – nach unten. Kinder und Jugendliche heute erreichen erstmals seit der Nachkriegszeit in Deutschland in nahezu allen untersuchten Bereichen schlechtere Leistungen als die vorausgehende Generation.

Man könnte hier einwenden und sagen, dass es uns gesamtgesellschaftlich doch gut geht – wir haben die Coronakrise überstanden, wir haben eine bisweilen zwar streitsüchtige, aber dennoch stabile Regierung, wir haben die energiepolitischen Folgen des Ukrainekrieges in den Griff bekommen, und unseren Wohlstand scheinen die Krisen im Großen und Ganzen nicht oder nur geringfügig einzuschränken. Also: kein Grund zur Sorge. Doch Vorsicht ist geboten. Denn es gibt einen empirisch bedeutsamen Zusammenhang zwischen dem Bildungsniveau eines Landes und seiner Wirtschaftskraft sowie seiner Demokratiefähigkeit. Nimmt also das Bildungsniveau ab, dann ist es nur eine Frage der Zeit, bis auch Wirtschaftskraft und Demokratie darunter leiden.

Es ist also Zeit, Bildung anders zu denken. Kinder und Jugendliche brauchen nicht noch mehr von dem, was sie seit Jahrzehnten einschränkt, sondern wir brauchen eine Revolution im Bildungssystem. Doch was machen wir? Wir verlangen von Kindern und Jugendlichen immer mehr vom Gleichen. Jüngst forderte die Ständige Wissenschaftliche Kommission der Kultusministerkonferenz angesichts sinkender Leistungen beim Lesen und Rechnen – natürlich – mehr Deutsch- und Mathematikunterricht.[3] Auf den ersten Blick liegt diese Schlussfolgerung auf der Hand: Wo es hapert, muss auch mehr gemacht werden. Aber mehr vom Gleichen wird uns in dieser Situation keine Hilfe sein.[4] Vielmehr wird das die aktuelle Bildungskrise verstärken. Denn wir müssen auch anerkennen, dass uns genau diese Art, über Bildung nachzudenken, in diese Bildungskrise geführt hat. Und es ergibt daher wenig Sinn, diesen Weg als Ausweg aus der Bildungskrise zu propagieren. Eine im Übrigen schon ältere Weisheit, denn wir können nicht davon ausgehen, dass sich Dinge verändern, wenn wir immer wieder dasselbe tun. Ob Albert Einstein das schon vor Jahrzehnten so sagte, ist strittig.

Unstrittig aber ist: Auch Albert Einstein war jemand, aus dem was geworden ist, trotz Schule.

Schlagen wir deshalb einen anderen Weg ein, blicken wir kritisch-konstruktiv zurück! Sir Ken Robinson, einer der einflussreichsten Erziehungswissenschaftler weltweit, hat dies immer wieder getan und spricht von einer pädagogischen Klimakrise – besonders eindringlich in seinem TED Talk aus dem Jahr 2006, den weltweit über 75 Millionen Menschen gesehen haben.[5] Kinder und Jugendliche werden in einem System groß, das ihnen nicht gerecht wird und sie nicht versteht. Diese pädagogische Klimakrise ist vielleicht fast noch schwerwiegender als die ökologische Klimakrise. Denn ohne ein Klima in den Bildungseinrichtungen, das Kinder und Jugendliche achtet und ihnen sowohl Zeit als auch Raum für die Entfaltung im umfassenden Sinn lässt, können Kinder und Jugendliche sich nicht umfassend bilden. Und auch wenn Bildung allein die ökologische Klimakrise nicht lösen wird, ohne sie wird es ganz bestimmt nicht klappen.

Gründe für sein harsches Urteil über unser Bildungssystem nennt Ken Robinson einige. Zunächst kritisiert er, dass Kreativität von Kindern und Jugendlichen in der Schule getötet wird – so manche Schulpsychologinnen und Schulpsychologen gehen noch einen Schritt weiter und sagen:[6] Schule tötet nicht nur die Kreativität von Kindern und Jugendlichen, sie kann sogar krank machen.[7] Verantwortlich ist hierfür eine falsch verstandene Standardisierung, die die Individualität der Menschen verkennt. Zudem dominiert ein Verständnis von Fehlern, das nicht dem menschlichen Lernen entspricht. Diesem falschen Verständnis zufolge sind Fehler in der Schule immer etwas, was es zu vermeiden gilt. Aber richtig verstanden ist der Fehler der Motor des Lernens – ohne Fehler kein Lernen! »Wir irren uns empor«,[8] so der Philosoph Gerhard Vollmer. Und schließlich kritisiert Robinson auch eine daraus folgende Oberflächlichkeit, die im Kern den menschlichen Möglichkeiten nicht gerecht wird: Durch zu viel sinnloses Detailwissen verlieren Kinder und Jugendliche die Lust am Lernen und damit auch die Freude an der Schule.

Sollte mit diesen Überlegungen jetzt der Eindruck entstanden sein, dass das Schulsystem allein dafür verantwortlich ist, wie es heute um die Bildung von Kindern und Jugendlichen steht, so muss dem allerdings widersprochen werden: Bildung ist eine gesamtgesellschaftliche Aufgabe! Alle müssen sich auf den Weg machen, um für die nachwachsende Generation die beste Bildung zu ermöglichen. Sicherlich sind vor diesem Hintergrund die Voraussetzungen heute andere als noch vor Jahren: Die Schülerschaft ist durch Zuwanderung uneinheitlicher und vielschichtiger geworden. Ebenso haben sich die Familienstrukturen verändert. Die Digitalisierung der Lebenswelt tut ein Übriges. So sind es heute ganz andere Kinder und Jugendliche, die die Schulbank drücken. Auch wenn jetzt viele die angeblich gute alte Zeit beschwören, müsste ihnen doch klar sein, dass genau deswegen ein »Weiter so!« oder gar ein »Zurück« nicht funktionieren kann. Jede Zeit erfordert es aufs Neue, eine Bildungsvision zu formulieren und ein Bildungssystem zu gestalten, das den damit verbundenen Herausforderungen gerecht wird.

Was brauchen also Deutschlands Schulen jetzt? Auf diese Frage gehen wir in den nächsten Kapiteln ein und richten unseren Blick auf alle, die am Bildungserfolg der nachwachsenden Generation mitwirken: auf Lehrkräfte und Schulleitungen, auf Eltern, auf die Bildungsverwaltung und natürlich auch auf die Schüler. Wir fordern nicht weniger als eine pädagogische Zeitenwende! Schule und Bildung müssen anders gedacht werden – fangen wir also damit an.

LEHRPLÄNE – ANDERS!

Sie gehören wie Kinder zur Schule: Lehrpläne. Und natürlich sind sie wichtig. In ihnen wird von der älteren Generation festgelegt, was die nachwachsende Generation lernen und vor allem können soll. Folgerichtig ist der Aufwand, der bei der Erstellung von Lehrplänen betrieben wird, sehr groß. Involviert sind neben den Ministerien auch viele Verbände und Kommissionen, die in jahrelanger Arbeit an neuen Lehrplänen schmieden. Ohne Zweifel wird diese Arbeit mit größter Gewissenhaftigkeit durchgeführt. Das Ergebnis ist im Vergleich zu früheren Zeiten durchdachter, systematischer und mittlerweile auch digital abrufbar.

Das Versprechen nun, das jedes Mal nach Abschluss dieser Arbeit zu vernehmen ist, lautet: Die neuen Lehrpläne sind die besten Lehrpläne, die es je gab. Doch ist das so? Unternimmt man den kühnen Versuch, das Behauptete zu hinterfragen, und sucht nach Studien, so muss man dann doch zu der Erkenntnis gelangen: Man – also die Ministerien – weiß das gar nicht. Denn Studien gibt es zu neuen Lehrplänen eigentlich nicht – oder sie sind so gut verschlossen, dass man sie als Außenstehender nicht zu Gesicht bekommt (oder bekommen darf). Von dieser Kühnheit getrieben, schlug einer von uns beiden eines Tages im bayerischen Kultusministerium auf, als gerade wieder neue Lehrpläne am Start waren. Die Idee: Wenn nicht jetzt, wann sonst könnte eine wissenschaftliche Begleitung stattfinden? Nicht zuletzt die Aussagen aus den verschiedenen Regierungsbezirken bestärkten uns in unserem Vorhaben, denn diese behaupteten alle von sich, dass sie die neuen Lehrpläne jeweils am besten umsetzten, ohne jedoch zu wissen, wie es die anderen Regierungsbezirke taten. Die Antwort auf den Vorstoß seitens des Ministeriums war aber dann doch ernüchternd und hallt bis heute nach: »Warum sollen wir etwas evaluieren, von dem wir wissen, dass es nichts bringt?«

Es ist also höchste Zeit, sich den Lehrplänen zu widmen – offen und ehrlich. Denn um es deutlich vorab zu sagen: Sie sind nicht zeitgemäß, sie haben eine kognitive Schlagseite und sie verhindern manchmal sogar Bildung.

Weniger PISA, mehr Bildung

Seit dem PISA-Schock 2001 spitzt sich die Bildungsdiskussion in Deutschland zu. Es wird vernehmlich über die sprachlichen, mathematischen und naturwissenschaftlichen Kompetenzen gesprochen – als wäre das allein schon Bildung. Ganze Delegationen pilgerten in den letzten Jahren in die Länder der damaligen PISA-Sieger (allen voran Finnland und Schweden, deren Glanz jedoch mittlerweile deutlich verblasst ist), um den heiligen Gral zu finden. Gefunden haben sie ihn nicht, stattdessen haben sie ein Verständnis von Schule und Unterricht mitgebracht und dann auch implementiert, das aus empirischer Sicht konsequent ist, weil vor allem das zählt, was messbar ist.

Und dieses »Ritual« wiederholt sich in regelmäßigen Abständen. Jede neue Erhebung von PISA führt immer zu den gleichen Debatten. Fast fühlt man sich an *Und täglich grüßt das Murmeltier* erinnert. Gebracht hat all das bis heute wenig, wie die jüngsten Daten aus 2022 zeigen:[9] Deutschland steht heute im internationalen Vergleich so schlecht da wie noch nie und weist die geringsten Werte in den sprachlichen, mathematischen und naturwissenschaftlichen Kompetenzen auf, die jemals gemessen wurden. Vielleicht ist es der einzige Trost, dass weltweit seit Beginn von PISA das Leistungsniveau sinkt – eine globale Bildungskrise tut sich auf. Statt die erhoffte Effektivitätssteigerung zu erreichen, wurde die Tradition des Humanismus zu Grabe getragen, die nicht auf Messbarkeit setzt, sondern Bildung ganz anders versteht: nämlich als Zweckfreiheit.

Aber es war nicht alles schlecht, was infolge von PISA ins deutsche Schulsystem getragen wurde. Das Bemühen, nach der Wirksamkeit von pädagogischen Maßnahmen zu fragen, ist wichtig. Zu lange hat sich gerade die deutsche Pädagogik nicht damit befasst und lediglich auf das Bauchgefühl kluger Menschen gehört. Wie wir aber alle wissen, kann das Bauchgefühl auch trügen. Empirische Daten helfen, uns einen Spiegel vorzuhalten, der die Wirklichkeit angemessen abbildet. Aber auch beim Blick in den Spiegel der Empirie ist zu beachten: »Das Wesentliche ist für die Augen unsichtbar«, wie schon dem kleinen Prinzen von Antoine de Saint-Exupéry aufgefallen ist.[10] Allein auf die Empirie zu vertrauen ist daher zu kurz gegriffen und wird einem Bildungsdenken, wie wir es uns vorstellen, nicht gerecht – und damit auch nicht den Menschen im Schulsystem.

So wichtig also PISA & Co. für das Bildungssystem waren, so dringlich ist es jetzt, auf Bildung auch aus anderen Perspektiven zu blicken, die es schon einmal gab und die in Vergessenheit geraten sind. Welche Perspektiven sind dies?

In der langen Tradition des Humanismus finden sich viele Anknüpfungspunkte. Besonders deutlich formuliert es Wilhelm von Humboldt, der bis heute als einer der bedeutendsten Bildungsreformer der Neuzeit gilt, auch wenn er zu Lebzeiten nicht alle Ideen umsetzen konnte. So schreibt er 1792 in der Abhandlung *Ideen zu einem Versuch, die Grenzen der Wirksamkeit des Staates zu bestimmen*: »Der wahre Zweck des Menschen – nicht der, welchen die wechselnde Neigung, sondern welchen die ewig unveränderliche Vernunft ihm vorschreibt – ist die höchste und proportionierlichste Bildung seiner Kräfte zu einem Ganzen.«[11] Dementsprechend bemerkt Johann Friedrich Herbart in seinem Buch *Umriss pädagogischer Vorlesungen* von 1835, einer der Gründerväter der deutschen Pädagogik und damit eine zentrale Figur aus historischer Sicht: »Der Wert des Menschen liegt zwar nicht im Wissen, sondern im Wollen.«[12]

Dieser Gedanke, Bildung nicht nur auf das Kognitive zu reduzieren und schon gar nicht auf einzelne Bereiche innerhalb dieses Kognitiven, wie es PISA macht, sondern den Menschen in allen seinen Möglichkeiten zu begreifen, macht den Kern eines humanistischen Bildungsverständnisses aus. Unter den aktuellen Autoren in diesem Kontext ragt Howard Gardner heraus. Seines Zeichens Professor für Erziehungswissenschaft an der Harvard University, hat Gardner eine Theorie formuliert, die mit dem empirischen Mainstream bricht:[13] die Theorie der multiplen Intelligenzen. Darin macht er deutlich, dass Intelligenz nicht nur das ist, was ein Intelligenztest zu messen in der Lage ist, sondern viele weitere Facetten umspannt. Diese lassen sich häufig eben nicht empirisch messen – aber nicht, weil es sie nicht gibt, sondern weil sie sich (noch) einer empirischen Messbarkeit entziehen. Die empirische Bildungsforschung tut sich bis heute schwer damit anzuerkennen, dass es etwas gibt, das wichtig ist, aber jenseits ihrer Zugangsweisen und bisherigen Methoden existiert. Dass Gardner für seine Arbeit an der Theorie der multiplen Intelligenzen weltweit mehr als dreißig Ehrenpromotionen zuerkannt bekommen hat, macht deutlich, wie bedeutsam seine Theorie für die Pädagogik ist.

Worum geht es ihm? Howard Gardner erläutert an einer Reihe berühmter Persönlichkeiten, dass es neben der dominierenden kognitiven Perspektive auch eine motorische, soziale, affektive, moralische, ethische und religiöse Lesart und Sichtweise von Bildung gibt. Diese Liste ist nicht abgeschlossen, und vermutlich lässt sich in Sprache auch gar nicht alles fassen, was den Menschen als Menschen auszeichnet. Die Liste ist aber hilfreich, um deutlich zu machen, dass Bildung mehr ist als das, was in PISA gemessen wird und durch PISA zu einer Separierung des Geistes führt.

Bemerkenswert an den genannten Perspektiven ist aus pädagogischer Sicht, dass Zusammenhänge bestehen. Wichtig dabei ist die Richtung des Zusammenhanges. Denn es gilt eben nicht, dass aus einer hohen Leistung im kognitiven Bereich eine hohe Leistung in den anderen Bereichen folgt. Der Existenzphilosoph Max Müller macht das an einer Gegenüberstellung deutlich: einerseits ein Arzt, mit allen akademischen Weihen versehen, sportlich aktiv, musikalisch gebildet und künstlerisch versiert, der unter den Nationalsozialisten Menschenversuche macht; andererseits ein Bauer, der keine besondere Schulbildung genossen hat, aber im Einklang mit sich und der Welt lebt.[14] Was in diesem Beispiel anschaulich wird, beweist die empirische Forschung: dass nämlich eine hohe Leistung in vielen Lernbereichen nicht hinreichend für Bildung ist. Es lohnt sich also, Bildung umfassend zu verstehen und den Menschen mit all seinen Möglichkeiten zu fördern. Der Mensch im Allgemeinen und seine kognitive Perspektive im Besonderen profitieren davon.

Die wichtigste Forderung für eine Schule der Zukunft, die sich aus den angestellten Überlegungen ergibt, lautet deshalb: Reformiert die Lehrpläne! Und zwar unbedingt! Sie sind zu voll, sie haben eine kognitive Schlagseite, und sie gehen auch an der Lebenswelt der Kinder und Jugendlichen vorbei.

Nun muss man gestehen, dass es viele Lehrplanreformen gegeben hat und dies sogar eine Konstante jeder Bildungspolitik ist. Aber bis heute gilt, was Erich Kästner überspitzt für die Schulbücher gesagt hat: »Misstraut gelegentlich euren Schulbüchern! Sie sind nicht auf dem Berg Sinai entstanden, meistens nicht einmal auf verständige Art und Weise, sondern aus alten Schulbüchern, die aus alten Schulbüchern entstanden sind, die aus alten Schulbüchern entstanden sind, die aus alten Schulbüchern entstanden sind. Man nennt das Tradition. Aber es ist etwas ganz anderes.«[15]

Im Kern gilt das auch für die Lehrpläne – trotz ihrer viel beschworenen Kompetenzorientierung, die auf dem Papier sinnvoll erscheinen mag, in der Realität aber verpufft ist. Lehrpläne sind bis heute die heilige Kuh. Denn bei jeder Reform schwingen allzu viele Interessen mit, und diese verhindern immer wieder, dass eine wirkliche, eine gründliche Reform möglich ist.

Daher plädieren wir – wie schon viele vor uns, aber das soll unsere Forderung nicht schwächen, sondern stärken – für eine Entrümpelung. Beim Wort »Entrümpeln« formiert sich immer Kritik: In den Lehrplänen steht doch kein Gerümpel, so der Einwand. Aus fachlicher Sicht mag das korrekt sein: Alles, was im Lehrplan steht, ist aus fachlicher Sicht bedeutsam, weil es in die letzte Auswahl für einen möglichen Lehrplaninhalt gekommen ist und sich dann auch durchsetzen konnte. Aber: Die fachliche Perspektive ist nur eine, die für ein Schulsystem wichtig ist. Die andere ist die Sichtweise der Kinder und Jugendlichen – und diese setzt andere Maßstäbe an. Hier geht es weniger darum, was in einem Fach bedeutsam ist, sondern vielmehr darum, ob die Kompetenzen, die ich erwerben soll, für mich als Mensch von Bedeutung sind und einen Sinn haben.

Weniger Kompetenzen, mehr Verstehen

Halt! So werden jetzt viele aus der Bildungsverwaltung rufen. Die modernen Lehrpläne berücksichtigen genau das: Sie versuchen, eben nicht nur Wissen zu vermitteln, sondern auch Können – als hätte jemals ein vernünftiger Didaktiker etwas anderes gefordert! Das Zauberwort heißt in der Fachsprache: Kompetenzorientierung. Als Ausläufer von PISA & Co. führte sie zu einer Lehrplanreform, die nicht nur auf Bundesländerebene spürbar war, sondern auch auf Bundesebene. Denn in der Folge der Kompetenzorientierung wurden bundesweite Bildungsstandards für alle möglichen Bereiche entwickelt: zu Mathematik und Deutsch für die Primarstufe, für die Sekundarstufe I, für den Hauptschulabschluss, für die Allgemeine Hochschulreife, dann auch zu Biologie, Chemie und Physik, hier aber nur für den Hauptschulabschluss und für die Allgemeine Hochschulreife und schließlich ebenso für die Fremdsprachen (Englisch und Französisch).

In den Lehrplänen der Bundesländer werden diese Bildungsstandards gesetzt und in einer Kombination von Gegenstandsbereichen (»Größen und Messen« in Mathematik) und prozessbezogenen Kompetenzen (etwa »Argumentieren« in Mathematik) zusammengeführt. Das Ergebnis ist dann, um es an einem Fall deutlich zu machen, im Mathematikunterricht der fünften Jahrgangsstufe des bayerischen Gymnasiums ein Kompetenzkatalog von 39 Kompetenzen – bei ebenso vielen Schulwochen also eine Kompetenz pro Woche. Das allein ist schon herausfordernd, hinzu kommt aber noch, dass die Kompetenzen selbst einer Modellierung folgen, die Kompetenzstufen genannt werden: auf der ersten Stufe als einfaches Wiedergeben (Mindeststandard) bis zur letzten Stufe als komplexes Problemlösen (Optimalstandard). Mit anderen Worten: Schülerinnen und Schüler sollen die Kompetenz nicht nur erwerben, sondern so vertiefen, dass sie diese jederzeit anwenden können – wie gesagt, pro Kompetenz in all ihren Stufen durchschnittlich eine Woche Unterrichtszeit.

Wäre man jetzt kleinlich, so könnte man einwenden: Was ist mit allen anderen Abschlüssen, etwa dem Realschulabschluss? Oder was ist mit den anderen Fächern? Es sind ja nicht nur Mathematik, Deutsch, Biologie, Chemie, Physik und die Fremdsprachen wichtig. Unser Einwand gegen die Kompetenzorientierung greift aber tiefer: Ebenso wie PISA zu einer Separierung des Geistes führt, indem es bestimmte Fächer ins Zentrum rückt, führt die Kompetenzorientierung zu einer Zerlegung des Denkens und scheitert letztlich an den selbst gesteckten Zielen.

Besonders eindringlich zeigt dies Ludger Wößmann in einer Auswertung der internationalen und nationalen Vergleichsstudien aus den letzten zwanzig Jahren – insgesamt 43 Erhebungen aus PISA, IGLU (Internationale Grundschul-Lese-Untersuchung) sowie den IQB-Bildungstrends (Bundesländervergleich des Instituts für Qualitätsentwicklung hinsichtlich der sprachlichen Kompetenzentwicklung bei Dritt- und Neuntklässlern). Sie alle folgen der dargestellten Logik und damit einer Kompetenzorientierung. Sein Ergebnis lautet: Seit über zehn Jahren geht es mit den Lernleistungen abwärts – beim Lesen, beim Schreiben, beim Rechnen und in den Naturwissenschaften.[16]

Allein das wäre schon schlimm genug. Ein detaillierter Blick auf die Kompetenzstufen zeigt aber auch, dass die Anzahl derer, die den Mindeststandard nicht erreichen, zunimmt und sich damit immer weniger Schülerinnen und Schüler in Richtung Optimalstandard entwickeln.[17] Das Ganze erhält schließlich noch eine gesamtgesellschaftliche Brisanz, denn vor allem Kinder und Jugendliche aus bildungsfernen Milieus fallen immer weiter ab. Damit geht die Bildungsschere immer weiter auseinander.

Man kann es nun drehen und wenden, wie man möchte: Tatsache ist, dass die Kompetenzorientierung es nicht schafft, den selbstgesetzten Ansprüchen gerecht zu werden. Ganz im Gegenteil: Die Lernleistungen sind seit Jahren rückläufig, und trotz der Kompetenzorientierung wissen und können die Schülerinnen und Schüler immer weniger. Kein Wunder also, dass damit auch das Verstehen des Gelernten schwindet.

Dass Können nicht gleich Verstehen ist, gilt in der Philosophie als Allgemeinplatz. Im Kern versucht das die Kompetenzorientierung mit ihren Kompetenzstufen abzubilden. Während es auf dem Niveau des Mindeststandards um das einfache Wiedergeben des Gelernten geht, steht beim Optimalstandard die Anwendung und damit das Verstehen im Zentrum. Ganz einfach lässt sich das am Beispiel des Prozentrechnens erklären: Nur weil ein Mensch Prozente berechnen kann, hat er das Prozentrechnen noch nicht verstanden. Sobald sich nämlich der Sachverhalt ändert, in dem Prozente zu berechnen sind, wird es ohne ein entsprechendes Verständnis des Sachverhalts schwierig. Allein mit dem Können des Prozentrechnens kommt man dann nicht weiter.

So sind es denn auch die Sachverhalte, die jeweiligen sachlichen Zusammenhänge, die von entscheidender Bedeutung für Bildung sind. Fehlt das Verständnis für den Zusammenhang, kann der Schüler nicht vom Minimalstandard zum Optimalstandard voranschreiten. Sind die Zusammenhänge zu lebensfern, stellt sich ebenso wenig ein Verstehen ein, weil den Lernenden nicht deutlich wird, warum sie überhaupt etwas lernen sollen. Wirft man vor diesem Hintergrund einen Blick in die derzeitigen Lehrpläne, so muss man leider zur Kenntnis nehmen: Es mangelt an Sachverhalten, die Kindern und Jugendlichen etwas sagen. Warum bitte sollte ein Grundschüler für sich ausrechnen, wie viele verschiedene Kleiderkombinationen er aus drei Hosen und vier Pullovern anziehen kann? Ist das eine Frage, die ihn in der Gegenwart oder in der Zukunft beschäftigt? Fachlich mag dieses Grundschulbeispiel aus Bayern richtig sein, aber aus Sicht eines Kindes ist es – bedeutungslos.

Die Kompetenzorientierung hat es also weder geschafft, die Lehrplanfülle zu reduzieren, noch führt sie zu mehr Verstehen in den Schulen. Beides, die Reduzierung der Lehrpläne wie auch die Förderung des Verstehens, sind daher notwendige Reformen, wenn man Bildung anders denkt.

Wolfgang Klafki, einer der führenden deutschen Erziehungswissenschaftler, hat für beide Anliegen einen Vorschlag unterbreitet.[18] Er spricht von drei Bedeutungszusammenhängen, die bei der Auswahl von Lehrplaninhalten zu beachten sind: Erstens: Gegenwartsbedeutung. Ist es für mich heute wichtig, diese Kompetenz zu erwerben? Zweitens: Zukunftsbedeutung. Ist es für mich wichtig, die Kompetenz zu erwerben, um zukünftig davon profitieren zu können? Und drittens: exemplarische Bedeutung. Ist es für mich wichtig, die Kompetenz zu erwerben, weil damit eine fachliche Perspektive auf besondere Art und Weise erschlossen wird? Klafki hat diese Fragen formuliert, um die Stofffülle in den Lehrplänen in den Griff zu bekommen. Denn seit jeher ist die Klage vernehmbar, dass in der Schule zwar viel gelernt, nicht alles aber verstanden und das meiste schnell wieder vergessen wird.

In der empirischen Forschung gibt es mittlerweile eine Reihe von Studien, die den Ansatz von Wolfgang Klafki bestätigen. Zu den bekannteren zählen die Arbeiten von John Keller und sein sogenanntes ARZZ-Modell. Mit diesem Akronym macht er deutlich, dass Sinnhaftigkeit und Motivation im Unterricht steigen, wenn die Inhalte Aufmerksamkeit (A) erzeugen, eine Relevanz (R) aufweisen, Zuversicht (Z) generieren und Zufriedenheit (Z) ermöglichen.[19]

Setzt man nun die Kriterien an, die Klafki oder Keller nennen, wird man schnell erkennen: Nicht alles, was in den Lehrplänen steht und von Kindern und Jugendlichen verlangt wird, ist heute oder morgen noch von Bedeutung oder erregt noch Aufmerksamkeit. Vieles ist ausschließlich aus der Sicht des Faches eine Kompetenz, die es sich anzueignen lohnt. Akzeptiert man diese Erkenntnis, lassen sich schnell mehrere Kompetenzen aus den aktuellen Lehrplänen streichen. Warum auch sollten Kinder und Jugendliche etwas lernen, was sie weder heute noch morgen brauchen werden? In diesem Sinn unser Vorschlag: Lasst uns 30 Prozent an Kompetenzen streichen, um mehr Zeit und Raum für Vertiefung, Sinnhaftigkeit und Lebensnähe zu erhalten. All das ist wichtig und für Bildung entscheidend, und all das braucht mehr Zeit und Raum für Bildung.

Eine solche Lehrplanreform, die entrümpeln soll, verfolgt nicht das Ziel, die Anforderungen zu senken, wie immer wieder kritisiert wird. Ganz im Gegenteil: Durch mehr Lebensnähe und mehr Sinnhaftigkeit werden erst adäquate Herausforderungen gesetzt! Auch führt dieses Entrümpeln nicht zu weniger Fachkompetenz, sondern letztlich sogar zu mehr. Viele Fächer zeichnen sich heute noch dadurch aus, dass sie aufgrund des traditionellen enzyklopädischen Charakters der ihnen zugrunde liegenden Lehrpläne überfrachtet sind und darunter das Verstehen leidet. Doch sicher ist: Wer nur in die Breite lernt, wird niemals in der Tiefe ankommen. Und: Wer nur an der Oberfläche kratzt, wird den Kern der Sache nicht erkennen.

Ein weiterer wichtiger Reformpunkt sind Lebensnähe und Sinnhaftigkeit. Dadurch bekommen die Fragen der Schülerinnen und Schüler genügend Raum in der Schule. Egal, wie man zu Fridays for Future stehen mag – diese Schülerbewegung zeigt auf alle Fälle, dass beachtliche Teile der nachwachsenden Generation durchaus – und sogar ganz dezidiert – gesellschaftliche Interessen haben und sich dafür engagieren wollen. Doch was passiert, wenn die Schule darauf nicht eingeht und auch nicht eingehen kann, weil für aktuelle Debatten gar keine Zeit ist? Dann lernen Kinder und Jugendliche über das Thema »Nachhaltigkeit« mehr auf der Straße oder im Internet als in den Schulen – ohne Begleitung und ohne Reflexion. Mittlerweile hat sich zumindest beim Thema »Nachhaltigkeit« die Situation an den Schulen gewandelt und verbessert. Es wird einiges unternommen, auch wenn vieles noch zu sehr an »Greenwashing« erinnert. Die Lehre aus dem Gesagten aber ist eindeutig: Lehrpläne brauchen fest verankerte Bildungszeiten und Bildungsräume für aktuelle Fragen. Schülerinnen und Schüler können nicht jedes Mal, wenn ihnen etwas auf den Nägeln brennt, freitags auf die Straße gehen. Vielmehr muss die Schule hierfür der zentrale Bildungsort und Lebensraum sein. So wichtig eine Kompetenzorientierung auch ist, sie allein reicht nicht aus, dass aus Lernen Verstehen wird.

Weniger Kopf, mehr Mensch

Es ist wohl eines der bekanntesten Zitate aus der Antike: »Mens sana in corpore sano.«[20] Auch wenn Juvenal diese Worte in einer seiner Satiren verwendete, so sind sie heute doch zu einer pädagogischen Botschaft geworden: Der Mensch ist mehr als sein Kopf! Wie ist diesbezüglich die aktuelle Lage? Ein paar Schlaglichter dazu:[21]

Schwimmverbände schlagen Alarm, weil immer weniger Kinder schwimmen können. Verbände gehen derzeit davon aus, dass 40 Prozent der Kinder am Ende der Grundschule nicht einmal das Seepferdchen haben – mit steigender Tendenz in den letzten Jahren.[22] Der Anteil der übergewichtigen Kinder und Jugendlichen liegt seit Jahren mehr oder weniger konstant bei etwa 15 Prozent. Ärztinnen und Ärzte finden das besorgniserregend, weil die Folgen eines frühen Übergewichts später kaum noch zu kompensieren sind – abgesehen davon, dass sie das Gesundheitssystem massiv belasten.[23]

Die Hauptursachen für diese Entwicklungen sind vor allem falsche Ernährung und Bewegungsmangel. Viele Kinder und Jugendliche essen zu fett und zu süß und bewegen sich zu wenig. Letzteres ist nicht zuletzt auf eine zunehmende Digitalisierung der Lebenswelt zurückzuführen, in der Bewegungszeiten den Sitz- und Liegezeiten vor den digitalen Geräten gewichen sind. Auch wenn es unterschiedliche Befragungsergebnisse zur Nutzungszeit pro Tag gibt, ist die Tendenz eindeutig: Verbrachten Jugendliche 2019 laut Bundeszentrale für gesundheitliche Aufklärung über 200 Minuten pro Tag vor Bildschirmen,[24] sind es laut der Digital-Studie der Postbank 2023 bereits über 60 Stunden pro Woche, was um die 500 Minuten pro Tag ausmacht.[25]

Nun kann man es sich einfach machen und sagen: Was hat das mit Schule zu tun? Die Ernährung ist doch vorwiegend Aufgabe der Eltern, und auch die körperliche Verfassung des Nachwuchses fällt doch vornehmlich unter ihre Verantwortung. Das ist sicherlich richtig. Aber Schule hat einen Bildungs- und Erziehungsauftrag und dazu gehört nicht nur, das Kognitive zu fördern, sondern den Menschen in seiner Leib-Seele-Geist-Einheit zu sehen. Dass es diese gibt, kann jeder aus eigener Erfahrung nachvollziehen: Wer krank ist, tut sich schwer mit langen und herausfordernden Denkaufgaben. Und wer auf Dauer viel lernen muss, weil er gerade im Prüfungsstress steckt, wird anfälliger für Infekte.

Allein deswegen ist es aus pädagogischer Sicht mehr als nur sinnvoll, sich um die körperliche Verfassung von Schülerinnen und Schülern ebenso zu kümmern wie um Mathematik, Deutsch und die Naturwissenschaften. Wenn man aber ehrlich ist, muss man feststellen, dass ein gesunder oder fitter Körper in der Schule und während des Unterrichts keinen großen Stellenwert mehr hat. Bestes Beispiel ist die Zeit der Coronapandemie, als der Sportunterricht kurzerhand komplett abgewrackt wurde – zu gefährlich, hieß es. Mittlerweile gibt es nicht wenige Lehrerinnen und Lehrer, die aus demselben Grund keine anspruchsvolleren Turnübungen mehr machen lassen: Zu gefährlich sei es, von Schülerinnen und Schülern einen Sprung über den Kasten zu verlangen. Anders war das Verständnis übrigens in der Antike, besonders am antiken Gymnasion, dem Vorläufer unseres Gymnasiums. Dort wurde die körperliche Ertüchtigung nicht nur gleichrangig mit der geistigen gesehen, sondern Erstere hatte sogar Vorrang. Ein Blick auf eine beliebige Stundentafel zeigt: Diese Zeiten sind schon lange vorbei.

Sicherlich, Kinder und Jugendliche haben zwar Sport-, Musik- und Kunstunterricht. Aber seien wir ehrlich: Das passiert auch und meist am Rand – wie ein Blick auf Stundenpläne zeigt. So sind es denn auch die ersten Fächer, die bei einem Unterrichtsausfall betroffen sind und für die in Zeiten eines Lehrermangels schnell ein Auge zugedrückt wird, wenn es ums Personal geht. Das verkennt nicht nur den Bildungsgehalt dieser Fächer, sondern sendet an die nachwachsende Generation eine fatale Botschaft: Diese Fächer sind nicht wichtig! Berechnungen aus dem Gesundheitssektor zeigen genau das Gegenteil: Menschen, die früh gelernt haben, sich zu bewegen und regelmäßig Sport zu treiben, sind nicht nur gesünder, sie belasten auch finanziell die Gemeinschaft weniger.[26]

Um Kunst und Musik, die beiden Fächer des musischen Bereiches, ist es übrigens nicht viel besser bestellt. Auch sie fristen ein Schattendasein. Wer Geld hat und Eltern, denen das wichtig ist, leistet sich eine Musikschule – und die, die bereits abgehängt sind, fallen auch in diesem Bereich weiter zurück. Bildungsgerechtigkeit ist also auch in diesem Zusammenhang ein Thema.

Wer sich einen Überblick über Bewegung und Ernährung außerhalb des Unterrichtes verschaffen möchte, der besuche am besten eine Schule in der Pause. Am Schulkiosk gibt es in der Regel ein Angebot an Schokolade und Gummibärchen und sonstigen Süßigkeiten, wie man es sonst nur vom Supermarkt gewohnt ist. Auch die Mittagssnacks sind vielerorts nicht gesünder, und dass dies unter dem Label Fair Trade läuft, hilft dann auch nicht mehr weiter. Dabei sitzen viele Kinder und wischen auf ihren Smartphones herum – und so sitzen sie nicht nur im Unterricht, sondern auch in der Pause.

Besonders eindringlich formuliert Ken Robinson seine Kritik an einer kognitiven Schlagseite in seinem bereits angesprochenen TED Talk, wenn er nur halb ironisch über seine Berufsgruppe sagt:[27] »Und ich mag Universitätsprofessoren. Aber ... meiner Erfahrung nach haben Professoren etwas Merkwürdiges an sich – nicht alle, aber typischerweise leben sie in ihrem Kopf ... Sie betrachten ihren Körper als eine Art Transportmittel für ihren Kopf.« Der Mensch hat also nicht nur einen Körper, um den Kopf spazieren zu tragen. Vielmehr ist der Mensch eine Einheit, bestehend aus Leib, Seele und Geist. Gerade deswegen gilt es den musischen Bereich zu stärken.

Manchen mag das Argument, dass musische Fächer einen hohen Bildungsgehalt haben, nicht überzeugen. Denn was kann man später mit den in diesen Fächern erworbenen Kompetenzen schon anfangen? Im Beruf ist doch ganz anderes gefragt. Nimmt man aber die von der OECD als Bildungsvision für das nächste Jahrtausend gepriesenen 4K, so zeigt sich ein anderes Bild.[28] Unter den 4K werden Kreativität, Kollaboration, Kommunikation und kritisches Denken als Schlüsselqualifikationen genannt. Diese sind angesichts gravierender gesamtgesellschaftlicher Veränderungen wichtiger denn je, damit die Menschen nicht nur existieren, sondern auch ein erfülltes Leben führen können. Hangeln wir uns an dieser Bildungsvision entlang und messen die Fächer in den Lehrplänen daran, so zeigt sich: Kunst, Musik und Sport sind es, die diesem Anspruch am besten gerecht werden. Kein Mensch kann künstlerisch, musisch oder sportlich aktiv sein, ohne seinen Schöpfergeist zu nutzen. Kein Mensch kann künstlerisch, musisch oder sportlich aktiv sein, wenn er nicht bereit ist, mit anderen zu kooperieren. Kein Mensch kann künstlerisch, musisch oder sportlich aktiv sein, ohne mit anderen zu kommunizieren. Und kein Mensch kann künstlerisch, musisch oder sportlich aktiv sein, ohne kritisch zu sein und Fehler als Lernchance zu begreifen. Gerade in Kunst, Musik und Sport ist die produktive Kraft des Fehlers so markant wie in keinem anderen Fach. Sicherlich: Es gibt eine Kluft zwischen den Fächern. Nur weil jemand in Sport gut mit Fehlern umgehen kann, kann er es nicht automatisch auch in Mathematik. Aber diese Erfahrungen können helfen, entsprechende Erfahrungen in anderen Bereichen besser zu verstehen.

Als Konsequenz aus dem Gesagten ergibt sich – nach der Entrümpelung – der zweite Grundpfeiler einer Lehrplanreform: eine Neugewichtung der Fächer. Anders als bisher ist dem musischen Bereich mehr Aufmerksamkeit zu schenken. Diese Fächer sind für den Bildungsprozess von größter Bedeutung – nicht nur im Hier und Jetzt, sondern ein Leben lang. So überrascht es auch nicht, dass an Eliteinternaten dem Kunst-, Musik- und Sportunterricht viel mehr Aufmerksamkeit geschenkt wird als an deutschen Regelschulen.[29]

Daher ist es sinnvoll, diese Fächer von den Rändern des Stundenplanes weiter nach vorne zu holen und ihre Stundenzahl deutlich zu erhöhen. Folgende Schwerpunkte gilt es dabei zu setzen:

Im Sportunterricht ist es wünschenswert, wenn jedes Kind im Lauf seiner Schulzeit eine Einzelsportart und eine Mannschaftssportart so erlernt, dass es beide auch im weiteren Leben ausüben kann. Dies soll die durchaus wichtige Breite in der sportlichen Ausbildung nicht ersetzen, aber wenn vor lauter Oberflächlichkeit am Ende nichts mehr übrig bleibt, dann hat der Sportunterricht sein Ziel verfehlt. Im Musikunterricht ist es wünschenswert, wenn jedes Kind im Lauf seiner Schulzeit ein Musikinstrument erlernt. Dieses kann es allein oder in der Gruppe spielen – mit dem Ziel, ein Leben lang musikalisch aktiv sein zu können. Und im Kunstunterricht ist es wünschenswert, wenn jedes Kind in jedem Schuljahr eine Kunstmappe erstellt und diese präsentieren und ausstellen darf. Und immer kommt es darauf an, das Vergnügen, die Freude und die Lust, selbst aktiv zu werden, zu unterstützen, zu fördern, anzufachen. Kurzum: zu inspirieren.

Mit diesen Forderungen wird ein Grundanspruch des Bildungssystems erfüllt:[30] Bildungsgerechtigkeit zu ermöglichen. Gerade in Deutschland hängt der Bildungserfolg in besonders starkem Ausmaß vom Elternhaus ab. Es ist nicht überraschend und auch logisch, dass diejenigen, die mehr an kulturellem Kapital haben, ihren Kindern auch mehr geben können. Aber der Bildungs- und Erziehungsauftrag der Schule ist es, unbedingt kompensatorisch zu wirken. Das heißt nicht, dass Schule alle Ungleichheiten beseitigt – was sie nicht kann und was daher auch eine falsche Zielformulierung wäre. Schule kann aber doch in ihren Möglichkeiten jedem Kind ein gewisses Maß an Bildung zuteilwerden lassen. Mit der Neugewichtung der Fächer und der Stärkung des musischen und des sportlichen Bereiches würde Schule diesen Auftrag besser erfüllen als bisher. Denn heute bekommen vor allem diejenigen Kinder ein vertieftes sportliches, musisches und künstlerisches Bildungsangebot, deren Eltern es sich leisten können und wollen – finanziell, zeitlich und ideell. Stellen Sie sich einfach mal einen Nachmittag lang vor eine Musikschule und beobachten Sie, wer hier ein und aus geht!

Dass eine solche Neugewichtung Bildungszeiten und -räume braucht, liegt auf der Hand. Ohne diese keine tiefgreifende musische Bildung als wichtiger Ausgleich. So lässt sich die kognitive Schlagseite im Schulsystem beheben, und den Kindern wird damit eine Bildung zuteil, die weniger Kopf und dafür mehr Mensch umfasst. Entrümpelung und Neugewichtung – das sind die beiden Grundpfeiler einer Lehrplanreform: Lehrpläne – anders!

LEHRER – ANDERS!

Durchschnittlich wird jeder Mensch im Lauf seiner Schulzeit von etwa fünfzig Lehrerinnen und Lehrern unterrichtet. An wie viele Lehrer können Sie sich noch erinnern, wie viele davon waren gute Lehrerinnen und wie viele schlechte Lehrer? Vielleicht fallen einem auf die Schnelle noch zehn Lehrerinnen und Lehrer namentlich ein. Davon hat man drei, vier noch positiv in Erinnerung, den Rest wohl negativ.

Das Spannende an diesem Gedankenexperiment ist nicht, dass es gute und schlechte Lehrer gibt – in jeder Profession gibt es diese Gruppen. Interessanter ist vielmehr, dass der Großteil der Lehrerinnen und Lehrer, die uns unterrichtet haben, aus unserem Gedächtnis komplett verschwunden ist, wohingegen eine Handvoll auch Jahrzehnte später noch in Erinnerung bleibt. Wie schaffen es diese Lehrkräfte, zehn, zwanzig, dreißig Jahre, manche sogar ein Leben lang, im Gedächtnis von Schülerinnen und Schülern zu bleiben? Gerade bei den guten Lehrern weiß man den Namen noch, kann sich an einzelne Unterrichtsstunden erinnern, und selbst einzelne Worte, die ein solcher Lehrer an einen als Schüler gerichtet hat, sind noch präsent.

Einer von uns beiden bekam bei einem Wiedersehen mit einer Gruppe von ehemaligen Schülerinnen und Schülern zehn Jahre nach dem Abitur einen Zettel gezeigt, der kaum noch lesbar und mit vielen Löchern versehen war, die durch das Anstecken an eine Pinnwand entstanden sind. Darauf stand:[31] »Weiter so, Fabian! Du bist auf einem guten Weg!« Es handelte sich um einen Korrekturzettel, der in ein Heft geklebt worden war, um Fabian direkt anzusprechen – sicherlich nicht das beste Feedback aller Zeiten. Aber für Fabian war der Korrekturzettel dennoch eine Würdigung und Wertschätzung, die ihm noch Jahre später Kraft gibt – so sein Kommentar zu diesem Zettel.

Für den anderen von uns ist sein »alter Chemielehrer« immer Vorbild dafür gewesen, wie man junge Leute motivieren kann, wie aktuelle Themen im Unterricht unmittelbar besprochen und eingeordnet werden können und wie man auch mal »fünfe gerade« sein lassen kann. Dieser Lehrer war eine echte Quelle der Inspiration und Motivation, denn es ging in etlichen Unterrichtsstunden nicht um Chemie, sondern um Politik, Geschichte und Demokratie!

Man muss sich an dieser Stelle vor Augen führen, dass die guten Lehrerinnen und Lehrer nicht besser gestellt waren als alle anderen Lehrkräfte: Sie mussten dieselben »Chaoten« unterrichten, hatten unter derselben Bildungspolitik zu leiden, kämpften mit denselben technischen Herausforderungen, mussten sich mit denselben Eltern verständigen und hatten auch nicht mehr Zeit als alle anderen. Und dennoch schafften sie etwas, was den meisten ihrer Kolleginnen und Kollegen nicht gelungen ist: junge Menschen nachhaltig zu prägen. Was ist das Geheimnis ihres Erfolges?

Leider werden in der Bildungspolitik solche Fragen nicht diskutiert, schon gar nicht, wenn es um die Lehrerbildung geht. Auch hier dominiert wie nahezu in allen bildungspolitischen Feldern der Blick auf die Strukturen: mehr Personal, mehr Technik, mehr Geld. So wichtig Strukturen sind und so viel in diesem Bereich auch erreicht wurde, sie allein führen nicht dazu, dass sich gute Lehrer entwickeln können. Ganz im Gegenteil: Empirische Studien zeigen immer wieder, dass die Lehrerbildung im

Durchschnitt nur einen geringen Effekt auf die Unterrichtsqualität hat. Offensichtlich bilden sich Lehrkräfte woanders mehr als in den dafür vorgesehenen Strukturen. Noch schlimmer: Seit Jahren steigt die Zahl derer, die eines Tages mit viel Enthusiasmus gestartet sind, dann aber doch vom Alltag überrollt werden. Die Burn-out-Quote unter Lehrerinnen und Lehrern ist hoch, und der einzige Ausweg, um den Herausforderungen des Schulalltags noch gewachsen zu bleiben, ist für viele die Teilzeit.[32] Nicht wenige kehren ihrem einstigen Wunschberuf nach ein paar Dienstjahren sogar ganz den Rücken.

Diese zunehmenden Herausforderungen haben durchaus einen gesamtgesellschaftlichen Ursprung: Die Erziehungskoalition aus Schulen, Vereinen und auch Kirchen, wie es sie früher einmal gab, bröckelt. Eltern kommen aus verschiedenen Gründen ihrem Erziehungsauftrag nicht mehr so nach, wie es früher noch der Fall war. Zudem leben Kinder und Jugendliche in einer Welt, die voller Ablenkungen ist und in der schulisches Lernen zum Nebenschauplatz wird. Die Bildungspolitik leistet häufig aber keinen Beitrag zur Lösung der skizzierten Herausforderungen, sondern verschärft sie: Eine Bildungspolitik, die vom Schulsystem ständig mehr fordert, ohne an anderer Stelle etwas herauszunehmen, läuft Gefahr, die Kollegien zu überlasten. Damit sinkt die Attraktivität des Lehrerberufs – leider auch noch, weil bis heute das Verdikt des damaligen Ministerpräsidenten und späteren Bundeskanzlers Gerhard Schröder nachhallt (obschon er es Jahre später zurückgenommen hat): »Lauter faule Säcke!«[33]

Auch die Lehrerbildung reiht sich hier ein: Sie gilt laut Forschungsergebnissen als einer der notleidendsten Bereiche der akademischen Bildung weltweit:[34] zu separiert in den Phasen, zu sehr auf Wettbewerb ausgerichtet in der Durchführung, zu einseitig in der Ausrichtung. Lehrerbildung heute erzeugt allem voran Einzelkämpfer, die viel Theorie gelernt haben, dies aber nicht in der Schulpraxis anwenden und umsetzen können. Noch dazu ist sie strukturell katastrophal aufgestellt. In Bayern sind Vorlesungen in den Erziehungswissenschaften mit tausend Studentinnen und Studenten keine Seltenheit. Zwar gilt auch hier, dass gute Strukturen allein noch zu keiner guten Hochschullehre führen, aber irgendwann sind jedem guten Unterricht Grenzen gesetzt. Aus Lagerhallen umfunktionierte Vorlesungssäle gehören dazu, weil hier die Akustik so miserabel ist, dass schon eine Grundvoraussetzung für Verstehen nicht gegeben ist: zuhören können. Was muss sich also ändern, damit mehr Lehrkräfte als bisher ihren Einfluss auf die Bildung von Kindern und Jugendlichen verbessern können?

Weniger Lernbegleiter oder Wissensvermittlerinnen, mehr Bildungsagenten

Die Debatte darüber, welche Rolle Lehrerinnen und Lehrer einnehmen sollen, ist alt. Sie erhitzt die Gemüter aber immer wieder: Soll die Lehrerin sich eher zurücknehmen und die Schülerinnen und Schüler machen lassen? Wer diese Auffassung vertritt, spricht häufig von Lehrern als Coach, als Lernbegleiter oder als Lernberaterin. Oder soll die Lehrerin das Zepter in die Hand nehmen? Das klassische Bild eines Lehrers, der vor der Klasse steht, vorträgt und entscheidet, wird mit dieser Rolle verbunden.

Wie so oft in der Pädagogik liegt die Wahrheit zwischen den Extremen, oder sie verbindet die Extreme, wie im vorliegenden Fall. Um das zu verstehen, muss man empirische Erkenntnisse in die Argumentation miteinbeziehen.

Beginnen wir mit der Rolle des Lehrers als Lernbegleiters: In einem solchen Unterricht ist das Ziel des Lehrers, den Schülern

Zeiten und Räume zur Verfügung zu stellen, in denen sie selbstständig und eigenverantwortlich agieren können. Schülerinnen und Schüler entscheiden, was sie wann, wo, wie und mit wem lernen. Auch die Frage, warum sie lernen, sollen sie selbst beantworten. Die Folge daraus ist eine Lernumgebung, die viele Möglichkeiten eröffnet, aber nichts vorschreibt. Die Schüler sind gefordert, selbst das Richtige auszuwählen und den Lernprozess zu steuern. Keine Frage: Das klingt verführerisch und ist der Traum einer jeden Lehrkraft. Leider zeigen empirische Studien, dass der Wunsch hier der Vater des Gedankens ist. Denn die Wirklichkeit sieht anders aus.[35]

David Dunning und Justin Kruger haben in mehreren Studien entdeckt, dass einerseits Unwissenheit häufig dazu führt, die eigene Fähigkeiten zu überschätzen, und andererseits eine hohe Fachkompetenz zur Folge hat, vorsichtiger zu sein und sich zu unterschätzen.[36] Diese Ergebnisse wurden beim Schachspielen und beim Autofahren ebenso festgestellt wie beim schulischen Lernen.

In Lernumgebungen, in denen Schülerinnen und Schüler entscheiden, wann sie was mit wem und warum lernen, hat das zur Folge, dass schwächere Schüler sich oft zu schwierige Aufgaben vornehmen und stärkere Schülerinnen eher zu leichte Aufgaben bearbeiten. In beiden Fällen ist der Lernerfolg reduziert, weil die Schülerinnen und Schüler aufgrund der zu schweren oder zu leichten Aufgaben nicht adäquat herausgefordert sind. Im schlimmsten Fall treten sie, egal ob leistungsschwach oder leistungsstark, nicht nur auf der Stelle, sondern machen sogar Rückschritte. Aus diesem Grund wird der Dunning-Kruger-Effekt auch pointiert als Dumm-und-dümmer-Effekt bezeichnet, wenn es um die Inkompetentesten geht, oder gegenteilig als Hochstapler-Syndrom, wenn von der Selbsteinschätzung der Kompetentesten die Rede ist.[37]

In der Geistesgeschichte hat diese Einsicht eine lange Tradition. Allbekannt sind die geläufigen Worte von Sokrates: »Ich weiß, dass ich nichts weiß.«[38] Und Bertrand Russell schreibt in *The Triumph of Stupidity*: »Der Hauptgrund für die Schwierigkeiten liegt darin, dass in der modernen Welt die Dummen vollkommen sicher sind, während die Intelligenten voller Zweifel sind.«[39]

Die Folgen aus pädagogischer Sicht liegen auf der Hand: So wünschenswert es ist, dass Menschen sich selbst Ziele setzen, nach Wegen suchen, um diese Ziele zu erreichen, eigenaktiv vorgehen und selbstständig sind, so hat das alles doch seine Grenzen. Die Freiheit des Menschen, zu lernen und sich zu bilden, braucht ein gewisses Maß an Vernunft. Ohne diese Vernunft verkümmert die Freiheit zur Beliebigkeit oder wird zur Abhängigkeit – beides verhindert dann sogar Lern- und Bildungsprozesse. Sofern folglich dieses Maß an Vernunft noch nicht vorhanden ist, braucht es eine Lehrkraft, die unterstützt und eingreift, falls die gewählten Aufgaben zu leicht oder zu schwer sind. Es liegt also in der Verantwortung der Lehrkraft, hinzuschauen und für herausfordernde Aufgaben zu sorgen.

Hier setzen die Argumente an, die für Lehrer als Wissensvermittler plädieren und sich für mehr Fachkompetenz in der Lehrerbildung stark machen. Allerdings: So wichtig Fachkompetenz auch ist, sie allein reicht nicht aus, um erfolgreich zu unterrichten, und sie allein reicht auch nicht aus, um die Rolle des Lehrers als Wissensvermittler zu manifestieren.

In empirischen Studien kann zwar gezeigt werden, dass Fachkompetenz einen Einfluss auf die Lernleistungen von Schülerinnen und Schülern hat, allerdings sind die Effekte gering. Wie kann das sein, wenn die Vermittlung von Wissen doch wesentlicher Bestandteil von Unterricht ist?

Mithilfe des didaktischen Dreiecks lässt sich der Zusammenhang veranschaulichen.[40] Es geht zurück auf Aristoteles, der in seiner »Rhetorik« schrieb, dass eine Rede aus dreierlei besteht: einem Redner, einer Sache, über die gesprochen wird, und einer Zuhörerschaft. Das daraus ableitbare rhetorische Dreieck wurde später von Cicero und Quintilian in ihren Lehrbüchern der Rhetorik aufgegriffen und in einen didaktischen Kontext gebracht. Seitdem wird in der Pädagogik das Bild des didaktischen Dreiecks verwendet, um die wesentlichen Interaktionen des Unterrichts darzustellen.

Unterricht konstituiert sich aus den Interaktionen zwischen Schülern, Lehrern und Unterrichtsgegenstand. Jede diese Interaktionen wird von einer bestimmten Kompetenz aufseiten der Lehrkraft bestimmt. Überlegen Sie bitte, für welche Interaktion die Fachkompetenz bestimmend ist: für die Interaktion zwischen Schülern und Unterrichtsgegenstand, die Interaktion zwischen Schülern und Lehrkraft oder die Interaktion zwischen Lehrkraft und Unterrichtsgegenstand? Es ist offenkundig, dass Fachkompetenz vor allem für die Interaktion zwischen Lehrkraft und Unterrichtsgegenstand bestimmend ist. Ohne Fachkompetenz kann diese nicht gelingen, und daher gibt es auch keinen Unterricht ohne Fachkompetenz. Ebenso offenkundig ist, dass Fachkompetenz allein nicht ausreicht, um alle Interaktionen zu bedienen, die Grundlage für einen Unterricht sind. Wir alle kennen Menschen, die ungeheuer viel wissen, es aber nicht erklären können. Ihnen fehlt es an didaktischer Kompetenz, etwa wie man Lernziele formuliert oder Sachzusammenhänge erklärt. Ohne didaktische Kompetenz gibt es keine gelungene Interaktion zwischen Schülern und Unterrichtsgegenstand. In gleicher Weise kennen wir alle Menschen, die ungeheuer viel wissen, aber so unnahbar sind, dass man sich am liebsten nicht mit ihnen in einem Raum aufhalten möchte. Ihnen fehlt es an pädagogischer Kompetenz, um etwa eine Beziehung zu den Schülern aufbauen und eine Vertrauensbasis herstellen zu können. Ohne pädagogische

Kompetenz gibt es keine gelungene Interaktion zwischen Schülern und Lehrern. Damit also Unterricht stattfinden kann, müssen alle drei Interaktionen – die zwischen Schülern und Unterrichtsgegenstand, die zwischen Schülern und Lehrkraft sowie die zwischen Lehrkraft und Unterrichtsgegenstand – intakt sein. Fehlt eine der genannten Interaktionen, so wirkt sich das auf den Unterricht insgesamt aus, und er verkümmert zur Informationsweitergabe ohne Bildungswirksamkeit, ja läuft sogar Gefahr, manipulativ und indoktrinierend zu werden.

Fasst man das Gesagte zusammen, so brauchen wir Lehrer, die weder nur Lernbegleiter noch nur Wissensvermittlerinnen sind. Wir brauchen Lehrkräfte, die eine Leidenschaft für das Fach, die Pädagogik und die Didaktik haben und immerzu das Wohl der ihnen anvertrauten Menschen in den Mittelpunkt des Unterrichts stellen und ein übergeordnetes Ziel vor Augen haben: die vernünftige Freiheit zu wecken, zu fordern und zu fördern.

Historisch betrachtet ist dieses Ziel mannigfach formuliert worden: August Hermann Niemeyer, einer der Gründerväter der deutschsprachigen Pädagogik, schrieb in seinen *Grundsätzen der Erziehung und des Unterrichts* aus Sicht von Schülern den Leitspruch für Lehrer auf: »Ich bedarf deiner nicht mehr!«.[41] Maria Montessoris Formel »Hilf mir, es selbst zu tun!« ist ebenso eindringlich und wird allzu oft nur auf den zweiten Teil reduziert, nämlich es selbst zu tun.[42] Derweil ist die Missachtung des ersten Teils, nämlich zu helfen, fatal. Und schließlich formuliert John Hattie angesichts tausender Studienergebnisse der empirischen Bildungsforschung: »Die Lehrperson muss die Fähigkeit haben, aus dem Weg zu gehen, wenn Lernende in der Lage sind, ihr eigenes Lernen zu steuern.«[43] Wer als Lehrer so agiert, versteht sich als Anwalt von Kindern und Jugendlichen und damit als Bildungsagent. Aber Lehrerinnen und Lehrer sind doch schon

Beamte (zumindest in den meisten Bundesländern), könnte man einwenden. Ist das nicht schon ausreichend Verpflichtung und Rollenverständnis? Muss es auch noch ein Bildungsagent sein?

Weniger Beamtentum, mehr Visionäre

Kennen Sie Bruce Springsteen? Sicherlich. Er ist einer der erfolgreichsten Rockmusiker unserer Zeit und hat mit Bildung auf den ersten Blick wenig zu tun. In einem seiner vielen Hits nimmt er Bezug auf die Schule und wird ganz konkret: »Von einem dreiminütigen Song haben wir mehr gelernt als jemals in der Schule.«[44] Nun ist jede Songzeile immer in einem Kontext zu sehen. Dennoch stimmt diese uns nachdenklich. Denn schlimmer kann es Schule in der Rückschau nicht treffen: 15 000 Stunden, die man dort verweilt,[45] bringen weniger als ein Song, den man nur wenige Minuten lang hört?! Einem von uns beiden ging es mit einem deutschen Sänger genauso: Achim Reichel hat ihm mit seinen Liedern die deutschen Balladen wesentlich näher gebracht als aller Deutschunterricht.

Der Unterschied liegt weniger in der Zeit als vielmehr in der Art und Weise, wie das eine oder das andere den Menschen berührt und damit Wirkung entfaltet. Ein Hit geht durch die Haut, spricht Emotionen an, ergreift den Menschen in all seinen Dimensionen. Zu Recht kann und muss man fragen: Soll und kann das Schule nicht auch? Wenn Bildung schon so wichtig ist und als Menschwerdung sogar das eigentliche Ziel des Lebens darstellt, dann muss man das doch auch von der Schule als Bildungsort erwarten können.

Ohne Lehrkräfte an dieser Stelle überfordern zu wollen, so sind es doch sie, die darüber entscheiden, ob die 15 000 Stunden in der Schule als erfüllte Lebenszeit wahrgenommen werden oder nicht. Die Art und Weise, wie sie den Unterricht gestalten, wie sie mit Schülerinnen und Schülern interagieren, wie sie Inhalte vermitteln, wie sie Motivationen erzeugen und Emotionen ansprechen, all das macht einen guten Lehrer aus.

Denken Sie daher bitte noch einmal an das Gedankenspiel zu Beginn dieses Kapitels und damit an die Lehrerinnen und Lehrer, die Sie hatten. Woran erinnern Sie sich, wenn Sie an Ihre guten Lehrer denken? Erinnern Sie sich an das, *was* diese getan haben, oder daran, *wie* sie es getan haben, oder daran, *warum* sie es getan haben? Ist es folglich das Was, das Wie oder das Warum, das uns nachhaltig mit Lehrern verbindet?

Häufig ist es das Warum, das darüber entscheidet, ob wir einen Einfluss auf andere Menschen ausüben. Mit die bekanntesten Beispiele in der Menschheitsgeschichte sind Sokrates und Jesus: Beide haben ihr Leben für ihr Warum hingegeben. Beide hätten sich selbst retten können, wenn sie ihr bisheriges Leben als Fehler bezeichnet und damit verleugnet hätten. Aber beiden war ihr Anliegen wichtiger als ihr Leben. Und damit wurden sie für ihre Anhängerinnen und Anhänger unsterblich.

Der britisch-amerikanische Autor Simon Sinek hat diesen Gedanken in seinem »Golden Circle« ausformuliert und an verschiedenen Beispielen veranschaulicht.[46] Nur eines sei an dieser Stelle wiedergegeben: Was ist das Geheimnis des Erfolges von Apple? Auf den ersten Blick könnte man meinen, dass es die Technik ist und damit das Was. Apple ist immer schon mit an der Spitze, was die Qualität und das Design anbelangt: leistungsstark und formvollendet. Konkurrenten haben zwischenzeitlich deutlich aufgeholt, und Apple hat Federn lassen müssen. Und dennoch biwakieren Menschen vor den Apple Stores, wenn wieder ein neues iPhone auf den Markt kommt. Es muss also andere Gründe haben als allein die Frage nach dem Was. Das Wie kann es ebenfalls nicht sein. Denn lange Zeit hatte Apple gerade dort Probleme: fehlende Nachhaltigkeit in der Produktion und schlechte Arbeitsbedingungen für Mitarbeitende. Mittlerweile hat Apple hier aufgeholt – aber ein Alleinstellungsmerkmal zeigt sich hier ebenfalls nicht. Dieses wird erst bei der Auseinandersetzung mit der Frage nach dem Warum sichtbar. Denn Menschen, die eines der neuen iPhones ergattern, kaufen sich nicht nur ein digitales Endgerät. Sie erwerben für sich damit das Gefühl, dass ihr Leben ein besseres wird. Damit liegt das Geheimnis des Erfolges von Apple in der Beantwortung der Frage nach dem Warum, im Versprechen und in der Vision, das Leben von Menschen nachhaltig zum Positiven zu verändern. Simon Sinek folgert daraus, dass es das Warum ist, das darüber entscheidet, ob jemand im Leben erfolgreich ist oder nicht. Daher sein Motto: »Start with Why!«

Interessanterweise hat Howard Gardner diese Unterscheidung in einem Forschungsprojekt empirisch bestätigt. Auch er ist der Frage nachgegangen, was gute Arbeit ist und wodurch sie sich auszeichnet. Sein Ergebnis:[47] Drei »E«, nämlich Exzellenz, Engagement und Ethik. Vom Putzpersonal bis zum Topmanagement, alle geben an, dass sich gute Arbeit durch Exzellenz, Engagement und Ethik auszeichnet, wobei – dann entscheidend – die Ethik im Zentrum steht. Eine gute Arbeit ist folglich eine Tätigkeit, die kompetent ausgeführt wird, von einer hohen Motivation angetrieben und von klaren Wertvorstellungen geleitet wird.

Die Überlegungen von Sinek lassen sich leicht mit den Ergebnissen von Gardner verbinden: das Was entspricht der Exzellenz, das Wie dem Engagement und das Warum der Ethik. Auf die Lehrerbildung übertragen hat diese Einsicht weitreichende Konsequenzen: Lehrerbildung darf sich nicht nur auf die Vermittlung von Wissen und Können im Fach, in der Pädagogik und in der Didaktik beschränken. Denn dieses Wissen und Können beschreibt im Kern nur die Exzellenz und damit die Frage nach dem Was. Das Engagement und die Ethik, also das Wie und das Warum, bleiben in einer so verstandenen Lehrerbildung unberührt.

Auch John Hattie hat aus seiner Synthese von über 2100 Meta-Analysen diese Schlussfolgerung gezogen.[48] Er spricht von Haltungen, um deutlich zu machen: Erfolgreiche Lehrerinnen und Lehrer haben eine Vorstellung davon, was guter Unterricht ist, was Lernen und Lehren bedeutet. Sie haben eine Vision davon, was Bildung meint und was die Zukunft von der nachwachsenden Generation fordert. Und sie haben eine Idee davon, wie die Welt ein Stück besser werden kann. All diese Aspekte haben zunächst nichts mit dem Wissen und Können im Fach, in der Pädagogik und in der Didaktik zu tun. Denn diese Aspekte berühren die Art und Weise, wie Menschen über das denken, was sie wie und vor allem warum tagtäglich tun. Haltungen beschreiben also den Selbst- und Weltbezug des Menschen. Sie umfassen Überzeugungen, Wertungen und Einstellungen. Sie leiten den Menschen in dem, was er tut, geben Orientierung und treiben an.[49]

Unterm Strich geht es um Leidenschaft – für das Fach, für die Pädagogik, für die Didaktik, vor allem aber für die Schüler und für ihre Bildung. Nun könnte man einwenden: Leidenschaft, das ist doch ein schwammiger Begriff, eher emotional als rational, eher alltagsverständlich als wissenschaftstauglich. Dieser Einwand greift angesichts empirischer Forschungen zur Unterrichtsqualität jedoch nicht. Denn diese zeigen, dass es einen deutlichen Unterschied nicht nur bei der Wahrnehmung von Unterricht durch Schüler in Bezug auf den Lehrer gibt, sondern auch im Hinblick auf die Lernleistungen. Erfolgreiche Lehrerinnen und Lehrer halten einen anderen Unterricht, der getragen wird von Exzellenz, Engagement und Ethik. Ihre Professionalität zeigt sich nicht nur im Wissen und Können im Fach, in der Pädagogik und in der Didaktik, sondern auch in der Haltung gegenüber den Schülern und ihrer Bildung.

Am Beispiel der sogenannten 7 C lässt sich das Gesagte verdeutlichen. Diese gehen zurück auf ein Forschungsprojekt der Bill and Melinda Gates Foundation und stellen heute eines der überzeugendsten Modelle zur Messung von Unterrichtsqualität dar. Dabei beschreiben die 7 C verschiedene Qualitätskriterien, deren englische Bezeichnungen alle mit C beginnen:[50]

1. Care (Fürsorge): Lernen braucht eine Atmosphäre des Vertrauens und Zutrauens. Ohne positive Beziehungen zwischen Schülern und Lehrkraft, aber auch zwischen den Schülern untereinander bleiben viele Bemühungen wirkungslos.
2. Control (Klassenführung): Forschungen zum Lernerfolg bestätigen immer wieder, wie wichtig Klassenführung ist. Sie ist Garant dafür, dass Lernen reibungslos und mit Schwung, ohne Ablenkungen und in sozialer Interaktion abläuft.
3. Challenge (Herausforderung): Lernen darf weder zu leicht noch zu schwer sein. Führt Ersteres zu einer Unterforderung, so ist Überforderung die Folge des Letzteren. Beide Fälle verringern den Lernerfolg maßgeblich. Stattdessen kommt es auf den Grad der Herausforderung beim Lernen an. Diese wird in angemessener Weise vor allem dadurch erreicht, dass die zu bearbeitenden Aufgaben für Schüler gerade noch bewältigbar sind.
4. Clarify (Klarheit): Je klarer den Schülern die Ziele sind, die sie erreichen sollen, und je klarer ihnen vor Augen geführt wird, wie Lernerfolg aussehen soll, desto erfolgreicher können sie lernen. Dieser Klarheit des Lernens auf Seiten der Schüler geht die Klarheit des Lehrens aufseiten des Lehrers voraus – beides zusammen führt zur Klarheit des Unterrichts.

5. Confer (Mitwirkung): Lernen ist ein sozialer Prozess. Selbst in Phasen des Alleinlernens ist man nur auf den ersten Blick allein. Ein zweiter Blick zeigt nämlich, dass das Video, das Buch, das Arbeitsblatt und vieles andere mehr das Werk eines Gegenübers ist und insofern einen sozialen Charakter aufweist. Damit aber nicht genug: Solange es in der Schule um Bildung geht, spielen soziale Interaktionen die entscheidende Rolle. Denn erst im Austausch miteinander hinterfragt man sich, überdenkt seine Werte und Normen, wendet das erworbene Wissen im Lebensalltag an und entwickelt seine Persönlichkeit damit weiter.
6. Captivate (Motivation): Lernen ist ohne Motivation nicht möglich. Aus der Forschung ist bekannt, dass es unterschiedliche Formen der Motivation gibt: auf der einen Seite die sachfremde (extrinsische) Motivation, die durchaus wirksam, aber auch sehr kurz anhaltend ist. Schülerinnen und Schüler lernen in diesen Situationen nicht, weil sie an der Sache interessiert sind, sondern weil sie von außen ein Motiv angeboten bekommen. Auf der anderen Seite gibt es die sachbezogene (intrinsische) Motivation, die ebenso wirksam ist, aber den Vorteil hat, dass sie nachhaltig ist. Schülerinnen und Schüler lernen in diesen Situationen also vor allem deswegen, weil sie an der Sache interessiert sind.
7. Consolidate (Sicherung): Festzustellen, ob Schüler die Ziele erreicht haben, ist aus didaktischer Sicht unabdingbar. Nicht nur Lehrkräfte brauchen diese Information, um die nächste Unterrichtsstunde planen zu können, auch für Kinder und Jugendliche ist es wichtig zu erkennen, was sie geleistet haben und woran sie als Nächstes arbeiten müssen. Erfolge können ruhig auch mal gefeiert werden, und dabei können sich die Schüler auch mal klarmachen, wie das vorher war und was sie jetzt wissen – kurz: Was habe ich gelernt?

Eine Lehrerbildung der Zukunft tut gut daran, solche Modelle ins Zentrum zu rücken – vor allem deswegen, weil diese Modelle helfen, das Wissen und Können im Fach, in der Pädagogik und in der Didaktik zusammenzuführen. Nur ein Beispiel: Eine Lehrerin, die in der Lage ist, Herausforderungen im Unterricht zu setzen, muss wissen, wo die Schwierigkeiten in der Sache sind. Dadurch kennt sie die Fallstricke bei der Vermittlung und ist imstande, diese mit didaktischen Überlegungen bildungswirksam zu machen. So muss sie auch die Möglichkeit des Scheiterns, die bei einer Herausforderung immer besteht, pädagogisch durch eine wertschätzende und vertrauensvolle Atmosphäre aufgreifen. Letztlich resultiert aus dieser Verbindung einer Fachkompetenz, einer pädagogischen Kompetenz und einer didaktischen Kompetenz auch eine Leidenschaft für das Fach, die Pädagogik und die Didaktik, aber auch und vor allem für die Schüler und ihre Bildung. Denn Schüler merken, dass dieser Unterricht kein Monolog ist, sondern ein Dialog zwischen ihnen und der Lehrkraft, und dass es um ihr Lernen und ihre Bildung geht.

Diese Leidenschaft für die Schüler und ihre Bildung verlangt von Lehrerinnen und Lehrern, dass sie den gesellschaftlich übertragenen und gesetzlich verankerten Bildungs- und Erziehungsauftrag annehmen. Das Ausblenden von gesellschaftlichen Problemen und schwierigen Fragen unserer Zeit ist damit ebenso unmöglich wie sich auf ein falsch verstandenes Neutralitätsgebot zurückzuziehen. Letzteres findet man immer wieder in Lehrerzimmern, wenn es etwa um die Frage geht: Darf ich als Lehrerin meine Meinung sagen? Ja, Lehrer dürfen das nicht nur, sie sollen es sogar. Lehrer sind in ihrer Tätigkeit immerzu Vorbilder – man kann nicht Nicht-Vorbild sein, um Paul Watzlawick abzuwandeln.[51] Der Beutelsbacher Konsens, eine in den 1970er-Jahren formulierte Leitlinie zur Demokratiebildung, liefert hierfür eine Rahmung. Darin werden drei Grundsätze formuliert, die für die Umsetzung des Bildungs- und Erziehungsauftrages hilfreich sind:[52]

Erstens: Überwältigungsverbot. Dies bedeutet, dass Lehrer den Schülern ihre Meinung nicht aufdrängen dürfen. Das Ziel von Unterricht muss vielmehr sein, dass Schülerinnen und Schüler dabei unterstützt werden, ihre eigene Meinung finden und begründen zu können. Zweitens: Kontroversitätsgebot. Dies bedeutet, dass Schülern verschiedene Meinungen präsentiert werden, die das ganze Spektrum abbilden und damit auch jene, die von der bestehenden Meinung abweichen und kritisch zu diskutieren sind. Letzteres ist gerade dann wichtig, wenn behandelte Positionen die Grenzen des Grundgesetzes verlassen und insbesondere die Menschenwürde verletzen. Und drittens: Interessenlage. Dies bedeutet, dass Wege aufgezeigt und erarbeitet werden, wie Schülerinnen und Schüler sich in den demokratischen Prozess einbringen können.

Diese Ausführungen zeigen, dass Neutralität keine Grundlage für den Lehrerberuf und die Ausübung des Bildungs- und Erziehungsauftrages ist. Von Lehrern ist zu fordern, dass sie als *Zoon politikon*, wie es Aristoteles nennt,[53] agieren und Schule als *Polis* begreifen,[54] als »embryonic society«, wie es John Dewey nennt,[55] in der in der Schule die Strukturen, die Möglichkeiten und Grenzen der Gesellschaft gelebt und erlebt, gestaltet und reflektiert werden.

Wir fordern daher eine Lehrerbildung, die die genannten Aspekte berücksichtigt – stärker als bisher. In der Lehrerbildung sind in allen drei Phasen – im Studium, im Referendariat und in der Berufsausübung bis zum Rentenalter – immer wieder bewusst und fokussiert Elemente einzubauen, in denen Lehrkräfte über ihre Rolle nachdenken und den Bildungs- und Erziehungsauftrag kritisch-konstruktiv reflektieren müssen. Eine Möglichkeit dafür bietet der Sokratische Eid, der als Bekenntnis nach innen und als Botschaft nach außen gedacht ist: »Wer die Welt bewegen will, sollte erst sich selbst bewegen.«

Der Sokratische Eid versteht sich weniger als Dogma, sondern eher als Diskussionsgrundlage, den Lehrerberuf in seiner Bedeutung für den einzelnen Menschen und die Gesellschaft immer wieder zu hinterfragen,[56] und bedeutet in diesem Zusammenhang:

»Als Lehrperson verpflichte ich mich, all mein Fühlen, Denken und Handeln im Beruf auf das Wohl der mir anvertrauten Kinder hin auszurichten.

Den Kindern gegenüber verpflichte ich mich,

- *jedes Kind seinen Möglichkeiten und seinem Entwicklungsstand entsprechend zu fordern und zu fördern,*
- *kein Kind zurückzulassen oder abzuschreiben, egal welche Gründe gegeben sind,*
- *das Scheitern von mir anvertrauten Kindern immer und immer wieder als Anlass für neue Wege meines Lehrens zu nehmen,*
- *Fehler als Chance zu begreifen, nicht als Makel,*
- *Herausforderungen im Bildungsprozess zu setzen, damit Unter- oder Überforderung nicht eintreten,*
- *Motivationen zu suchen, aufzugreifen und zu wecken,*
- *immer und immer wieder in den Dialog zu gehen, Rückmeldungen zu geben und einzuholen, Fragen zu stellen und zuzuhören,*
- *Unterrichtsfächern eine dienende Funktion im Bildungsprozess zuzuschreiben,*
- *alle Bereiche der Persönlichkeit anzusprechen und anzuregen,*
- *Vertrauen in die Welt und die eigene Person zu setzen und tagtäglich sichtbar zu machen,*
- *die Klasse und die Schule als Willkommensort zu begreifen und zu gestalten,*

- *für eine wertschätzende, angstfreie und bildungswirksame Atmosphäre und Beziehung zu sorgen und*
- *für die leibliche, seelische und geistige Unversehrtheit der mir anvertrauten Kinder einzustehen.*

Den Eltern gegenüber verpflichte ich mich,

- *auf Augenhöhe zu kommunizieren und eine Bildungspartnerschaft aufzubauen,*
- *den Bildungsprozess der Kinder als gemeinsame Aufgabe zu begreifen,*
- *nicht nur regelmäßig zu Gesprächen bereit zu sein, sondern auch aktiv den Kontakt zu suchen und*
- *ihre Einschätzungen zum Bildungserfolg und -fortschritt der Kinder ernst zu nehmen und mit der eigenen Sichtweise zu verbinden.*

Den Kolleginnen und Kollegen gegenüber verpflichte ich mich,

- *meine Erfahrungen in der Erziehung und im Unterricht zu teilen und als Grundlage für die kollegiale Professionalisierung zu nutzen,*
- *die tagtäglich gemachten Fehler zu teilen und gemeinsam zu reflektieren,*
- *erfolgreiche Momente in der Schule zurückzuspiegeln und gegenseitige Anerkennung zu schenken und*
- *jedem seine individuelle Sichtweise auf Schule und Unterricht zuzugestehen und gleichzeitig an einer gemeinsamen Vision zu arbeiten.*

Der Bildungsöffentlichkeit gegenüber verpflichte ich mich,

- *den Bildungs- und Erziehungsauftrag anzunehmen und jederzeit umzusetzen,*
- *nicht nur Wissen und Können zu vermitteln, sondern alle Bereiche der Persönlichkeit in den Blick zu nehmen und zu fördern,*

- *alle Unterrichtsfächer dem Wohl des Kindes und damit dem Bildungs- und Erziehungsauftrag unterzuordnen,*
- *loyal, aber nicht blind gegenüber amtlichen Vorgaben zu sein,*
- *alles umzusetzen, was dem Wohl der Kinder dient, und alles zurückzuweisen, was dem Wohl des Kindes zuwiderläuft,*
- *jegliche Interessen und Forderungen an Schule und Unterricht, die nicht in erster Linie dem Wohl des Kindes entspringen, kritisch zu hinterfragen, gegebenenfalls auch öffentlich anzuklagen und zurückzuweisen und*
- *im öffentlichen Diskurs den Kindern und ihrem Recht auf Bildung eine Stimme zu geben.*

Der Gesellschaft gegenüber verpflichte ich mich,

- *allem voran die Achtung vor der Würde des Menschen als Grundlage und Ziel von Schule und Unterricht zu sehen,*
- *die Grundsätze unserer Demokratie zu vermitteln und in der Schule und im Unterricht zu verteidigen,*
- *Schule als einen Ort der Reproduktion und der Innovation gesellschaftlicher Werte zu sehen,*
- *meine pädagogische Freiheit zu nutzen, um aktuelle Fragestellungen in das Zentrum des Schulalltages zu stellen, und*
- *nicht nur reaktiv, sondern auch proaktiv der Weiterentwicklung unserer Gesellschaft gegenüberzustehen.*

Mir selbst gegenüber verpflichte ich mich,

- *mein Vorgehen jederzeit zu begründen, kritisch-konstruktiv zu diskutieren und gewissenhaft zu reflektieren,*
- *regelmäßig meine fachlichen, pädagogischen und didaktischen Kompetenzen weiterzuentwickeln,*
- *regelmäßig meine Berufshaltungen zu reflektieren und*
- *meine Vorbildrolle stets nach bestem Wissen und Gewissen auszufüllen.*

Ich bekräftige das Gesagte durch meine Bereitschaft, mich jederzeit an den Maßstäben messen zu lassen, die von dieser Verpflichtung ausgehen.«

Weniger Einzelkämpfer, mehr Teamspielerinnen

Im Berufsleben eines Lehrers mangelt es nicht an Gelegenheiten, sich seiner Rolle bewusst zu werden und sich darüber auch mit Kolleginnen und Kollegen auszutauschen. Hochgerechnet unterrichtet eine Lehrkraft im Lauf ihres Lebens an die 45 000 Schulstunden. Keine dieser Stunden ist perfekt, in jeder können Fehler gemacht werden. Wie gehen Lehrerinnen und Lehrer mit Fehlern um? Wie nutzen sie diese für die eigene Professionalisierung? Und wie werden Fehler ins Kollegium gebracht, um gemeinsam über Schule und Unterricht nachzudenken?

Es wäre an dieser Stelle ungerecht, Lehrkräften vorzuwerfen, dass sie auf all die gestellten Fragen häufig keine Antwort haben. Denn was den Umgang mit Fehlern anbelangt, sind Lehrerinnen und Lehrer nicht schlechter als die meisten Menschen: Fehler werden als schmerzhaft wahrgenommen, am liebsten verschwiegen und hoffentlich nicht entdeckt. Die Gründe dafür liegen nicht zuletzt in der Schule selbst. Denn in der Schule dominiert bis heute ein Verständnis von Fehlern als Makel, als etwas, was es zu vermeiden gilt. Dass der Fehler aber der Motor des Lernens, der Entfaltung und der Bildung ist, mag zwar schon länger bekannt sein, aber bis heute hat es dieses Verständnis noch nicht geschafft, im pädagogischen Kontext Fuß zu fassen.

Dabei ist schon das Wort »Fehler« beachtenswert. Bringen Sie bitte lediglich die ersten vier Buchstaben in eine andere Reihenfolge – und was entsteht daraus? Aus »Fehler« wird »Helfer«.

In der Lehrerbildung selbst treibt dieses Fehlerverständnis besondere Blüten, vor allem in der zweiten Phase, dem Referendariat. In dem geht es darum, nach dem Hochschulstudium praktische Erfahrungen zu sammeln und von Zeit zu Zeit eine Unterrichtsstunde vorzuführen, die von Expertinnen und Experten der Bildungsverwaltung bewertet wird. Das entscheidende Kriterium lautet dabei häufig: Wie perfekt gelingt die Stunde? Damit wird diese Unterrichtsstunde zu einer Showstunde hochstilisiert, die mit dem späteren Unterrichtsalltag nichts zu tun hat. Junge Lehrerinnen und Lehrer verbringen ganze Wochen damit, Materialien zu sichten und zu gestalten, ihre Schülerinnen und Schüler vorzubereiten, damit in der besagten Stunde alles fehlerfrei gelingt. Wäre es nicht sinnvoller, bei entsprechenden Stundenvorführungen auf den Fehler zu schauen und danach zu fragen: Wo in der Unterrichtsstunde war der Fehler? Was hätte besser gemacht werden können? Und, ganz entscheidend: Was lässt sich daraus lernen und was folgt daraus für die nächsten Unterrichtsstunden?

Dass diese Showstunden dann in der Regel auch allein gehalten werden, macht ein weiteres Problem der Lehrerbildung sichtbar: das Einzelkämpfertum. Berufsanfängerinnen und Berufsanfänger werden dazu sozialisiert, alles allein zu machen. Dabei ist aus zahlreichen Studien der empirischen Bildungsforschung bekannt, dass Lehrerprofessionalisierung im Team besser gelingt und die erfolgreichen Schulen jene sind, in denen eine Kultur der Zusammenarbeit existiert. Das Stichwort lautet hier: kollektive Intelligenz.[57]

Bereits in der Antike findet sich die Idee der kollektiven Intelligenz. Aristoteles greift sie in seiner Summierungstheorie auf – allseits bekannt sind die ihm zugeschriebenen Worte, dass das Ganze mehr ist als die Summe seiner Teile.[58] In jüngster Vergangenheit erreichte der britische Autor Matt Ridley in diesem

Zusammenhang einen größeren Bekanntheitsgrad, insbesondere mit seinem Buch *The Rational Optimist*.[59] In zahlreichen Beispielen legt er dar, welche Möglichkeiten und Chancen kollektive Intelligenz mit sich bringt. Letztendlich sieht er sie sogar als das entscheidende Merkmal erfolgreicher Kulturen, Institutionen und Menschen. Denn alle weniger erfolgreichen Kulturen, Institutionen und Menschen zeigen sich als nicht offen, tauschen Ideen und Güter nicht aus, arbeiten in diesem Sinn auch nicht zusammen. Abschottung heißt Stillstand und hat auf Dauer sogar Rückschritt zur Folge.

Für Lehrerinnen und Lehrer sind Austausch und Kooperation immer schon zwiespältig: Auf der einen Seite wird beides von Schülerinnen und Schülern tagtäglich verlangt und im Hinblick auf Bildung als wichtig erachtet. Auf der anderen Seite ist nicht selten von Lehrkräften zu vernehmen, dass Austausch und Kooperation mit Kollegen als wenig ergiebig und sinnvoll erachtet werden, weil doch die anderen zum Gesamterfolg nur wenig beisteuern und man selbst es ist, der allein genauso gut und genauso schnell arbeiten würde. Das mag vielleicht im Einzelfall stimmen, als Pauschalaussage ist es aber falsch, wie Matt Ridley aufzeigt. Folgendes Beispiel führt er dazu an:[60]

Adam und Oz können beide Speere und Äxte herstellen. Während Adam für den Bau eines Speers vier Stunden und für die Herstellung einer Axt drei Stunden braucht, schafft Oz die Herstellung eines Speeres in einer Stunde und den Bau einer Axt in zwei Stunden. Sofern die Notwendigkeit für beide besteht, einen Speer und eine Axt herzustellen, kostet das Adam sieben Stunden Zeit und Oz nur drei Stunden. Was passiert nun, wenn beide zusammenarbeiten? Auf den ersten Blick dürfte es Oz wenig bringen, weil er sich kaum Zeit sparen wird, wenn er gleichzeitig mit Adam an die Herstellung von Speer und Axt geht. Was passiert aber, wenn beide Folgendes machen: Oz nutzt seine Stärke und stellt in zwei Stunden zwei Speere her. Im Gegenzug nutzt auch Adam seine Stärke und stellt in sechs Stunden zwei Äxte her. Beide tauschen daraufhin einen Speer und eine Axt. In der Summe hat dann Adam ebenso wie Oz eine Stunde weniger Zeit investieren müssen, um einen Speer und eine Axt zu erhalten.

Auch wenn in diesem Beispiel ausgeblendet wird, dass es durchaus möglich ist, einen Speer oder eine Axt besser oder schlechter herzustellen: Austausch und Kooperation führen zu einem zeitlichen Gewinn für Adam und Oz. Wenn Menschen allein diesen zeitlichen Gewinn nutzen können, ist es bereits eine Form von kollektiver Intelligenz. Dieser Gewinn wird umso mannigfaltiger, je komplexer die zu bewältigenden Aufgaben werden.

Eine einfache Übertragung dieses Beispiels aufs Lehrerzimmer verdeutlicht bereits die Wirkung von Teamarbeit.[61] Ersetzen Sie beispielsweise den Speer durch ein Arbeitsblatt und die Axt durch einen Lerntest. Denken Sie aber bitte noch weiter: Ersetzen Sie den Speer und die Axt darüber hinaus durch Ideen zur Unterrichtsgestaltung, Erfahrungen im Hinblick auf die Evaluation von Unterricht, Feedback, Zielformulierung, Lehrer-Schüler-Beziehung, Motivierung, Übung, Differenzierung, Klassenführung usw. usf. Kollektive Intelligenz zeigt sich angesichts dieser Überlegungen nicht mehr nur in einem zeitlichen Gewinn, sondern vor allem in der Kraft des Dialogischen, in der Macht von Austausch und Kooperation, in der professionellen Weiterentwicklung im Team. All das ist mehr als eine bloße Materialbörse, ein bloßes Sammeln, ein bloßes Abheften. Kollektive Intelligenz wird in intensiven, kritisch-konstruktiven und konzentrierten Gesprächen über die eigenen Kompetenzen und Haltungen sichtbar.

Es wird Zeit, dass wir in Schulen eine Kultur des Austausches und der Kooperation entwickeln, um die kollektive Intelligenz zum Wohl der Schüler und auch zum Wohl der Lehrer nutzen zu können. Dass das alles aber nicht so einfach ist, zeigen die Überlegungen zu multiprofessionellen Teams, die geradezu mantrahaft genannt werden, wenn es um die zahlreichen gesamtgesellschaftlichen Herausforderungen geht, also Klimawandel, Ukrainekrieg, Inklusion und dergleichen, die auch in der Schule Spuren hinterlassen. Die Botschaft lautet: Wenn nur genug Personal in den Schulen ist, dann lassen sich die genannten Herausforderungen meistern. So einfach ist es aber nicht. Denn Geld allein führt nicht dazu, dass mehr Personal einen besseren Unterricht macht. Untersuchungen zum Teamteaching, bei dem nicht nur ein Lehrer, sondern zwei Lehrkräfte im Klassenzimmer sind, haben nur geringe Effekte auf die Lernleistung von Schülerinnen und Schülern aufgezeigt.[62]

Was sind die Ursachen für dieses enttäuschende Ergebnis? Zur Veranschaulichung eine Anekdote: In vielen Ländern hat man zur Umsetzung von Inklusion versucht, dieser Herausforderung mit Teamteaching zu begegnen. Inklusive Klassen wurden also mit zwei Lehrern ausgestattet. Was war das Resultat: Schüler bezeichnen die zweite Lehrkraft als »Heizkörperlehrer«. Warum? Weil die eine Lehrkraft am Heizkörper lehnt, während die andere unterrichtet. Und wenn diese mit dem Unterrichten fertig ist, geht sie zum Heizkörper und übergibt die Unterrichtsverantwortung an die Kollegin.

Effektives Teamteaching sieht natürlich anders aus. Was im geschilderten Fall passiert, ist streng genommen kein Teamteaching, weil es kein Miteinander-Unterrichten ist, sondern ein Nacheinander-Unterrichten. Und solange Teamteaching nur das ist, kann die Wirkung nicht größer sein als beim klassischen Alleinunterrichten. Damit Teamteaching aber dieses Miteinander ermöglicht, reicht es nicht aus, lediglich die finanziellen Ressourcen und daraus folgend die personellen Kapazitäten zu erhöhen. Vielmehr erfordert Teamteaching eine besondere

Kompetenz und eine besondere Haltung aufseiten der Lehrerinnen und Lehrer. Denn Unterrichten ist eine hochkomplexe Tätigkeit, die allein dadurch, dass man sie zu zweit angeht, nichts an Komplexität verliert. Im Kern erfordert diese Komplexität von Lehrkräften, die zusammenarbeiten, eine Reihe von Fähigkeiten: gemeinsam die Lernausgangslage der Schüler zu analysieren, gemeinsam Unterrichtsziele festzulegen und zu formulieren, gemeinsam Aufgaben zu erstellen und entsprechend zu differenzieren, gemeinsam die Durchführung der Planung zu bewerkstelligen und schließlich gemeinsam die Evaluation des Unterrichts anzugehen. All das ist nicht einfach. Und wenn all das in der Lehrerbildung nicht vermittelt und gelernt wird, kann es von Lehrerinnen und Lehrern auch nicht ad hoc erwartet werden.

Hinzu kommt ein Weiteres:[63] Das gemeinsame Planen, Durchführen und Evaluieren von Unterricht erfordert nicht nur Kompetenzen. Gefragt sind auch eine Reihe von Haltungen: vor der Kollegin einen Fehler zu machen, Kompromisse einzugehen, sich selbst und seine Vorstellungen und Vorlieben zurückzunehmen, auch Aufgaben zu übernehmen, die einem vielleicht nicht so liegen, oder den Mut zu haben, etwas auszuprobieren, wo man sich auf seinen Kollegen verlassen muss. Leider lernen Lehrerinnen und Lehrer (bislang) auch diese Haltungen nicht bewusst und strukturiert im Rahmen der Lehrerbildung.

Teamteaching erfordert infolgedessen ein hohes Maß an Kompetenzen und Haltungen. Und erst wenn diese Kompetenzen und Haltungen ausgeprägt sind, ist es nicht mehr der Zufall, der darüber entscheidet, ob Teamteaching wirkungsvoll ist oder nicht. Sondern dann sind es die Lehrerinnen und Lehrer selbst, die zusammen über sich hinauswachsen und die damit verbundenen zusätzlichen finanziellen Mittel rechtfertigen können.

Erfolgreiche Teamarbeit als Form einer kollektiven Intelligenz stellt sich also nicht von allein ein. Sie bedarf des Austauschs und der Kooperation und insofern der Kompetenz und der Haltung des Lehrers. Also: Lehrer – anders!

Einer von uns beiden ist Physiker. In seinem Fachgebiet gilt als oberstes Prinzip: Wir irren uns empor.[64] Alles, was in diesem Kapitel an Vorteilen der Zusammenarbeit aufgeführt wurde, geschieht auch im Forschungsalltag. Und diese Hinwendung zur kollektiven Intelligenz hat die Naturwissenschaften zum erfolgreichsten und folgenreichsten Projekt der Menschheit gemacht. Nur weil immer wieder in Gruppen über Fehlerquellen und gemachte Fehler diskutiert und reflektiert wird, kommt wissenschaftlicher Fortschritt zustande. Dieser konstruktive Umgang mit Fehlern als Methode ist ungeheuer hilfreich, produktiv und positiv. Also das völlige Gegenteil der weitverbreiteten Einstellung, sich für Fehler zu schämen, Fehler zu verstecken und zu verschweigen. Ein richtig kapitaler Fehler kann mindestens so gut weiterhelfen wie ein Heureka! Entscheidend ist, dass man den gleichen Fehler nicht noch einmal macht. Und dafür ist Offenheit, Transparenz und zugewandtes Miteinander entscheidend. Hier kann die Schule noch viel lernen!

SCHULE – ANDERS!

In Deutschland gibt es über 30 000 allgemeinbildende Schulen, allein die Grundschulen machen die Hälfte aus. Was vermutlich wenige wissen: In den letzten zwanzig Jahren ist die Anzahl der allgemeinbildenden Schulen um etwa 20 Prozent gesunken.[65] Angesichts der Tatsache, dass immer mehr Geld ins Bildungssystem fließt, mag das überraschen. Grund hierfür ist der demografische Wandel, der sich in der Anzahl der Schülerinnen und Schüler und damit auch in der Anzahl der erforderlichen Schulen niederschlägt.

Verschafft man sich einen Überblick über diese Schulen und besucht sie in ihrem Umfeld oder auf ihren Homepages, so wird schnell sichtbar, dass Schulen sich deutlich voneinander unterscheiden. Man könnte also den Eindruck gewinnen, dass es für das eigene Kind ganz wichtig ist, welche Schule es besucht. Die empirische Bildungsforschung bestätigt dies nicht, sondern formuliert eine andere Botschaft. Denn die Unterschiede zwischen den Schulen sind in der Regel kleiner als die Unterschiede innerhalb ein und derselben Schule.[66] Das bedeutet: Wichtiger als die Schule ist das, was in der Schule passiert – und hier gibt es deutlichere Unterschiede zwischen den Lehrkräften.

Doch so ganz losgelöst von der Schule können Lehrerinnen und Lehrer nicht tätig sein. So bleibt eine der zentralen Fragen: Was ist eine gute Schule? Vielleicht ist das auch die Gretchenfrage im Bildungssystem, und so ist es nicht verwunderlich, wenn es viele Antworten darauf gibt. Gerade Eltern lassen sich gern von den folgenden Kriterien leiten: Das Schulgebäude sollte modern sein, nicht an Kasernen erinnern und einen schönen Pausenhof haben, der zum Spielen und zur Bewegung einlädt; eine möglichst innovative technische Ausstattung sollte auch digitale Medien umfassen; eine ganztägig geöffnete Mensa, in der es biologisches und nachhaltiges Essen gibt, ist Pflicht; die Klassenzimmer sollten in Anlage und Gestaltung auf dem neuesten Stand sein, ohne frontale Sitzordnungen, dafür mit Lernwaben, Workstations, Ateliers für zeitgemäßen Unterricht – und nicht zu vergessen: kleine Klassen, denn in großen gehen Kinder unter!

So nachvollziehbar die genannten Punkte auch sind, sie treffen nicht ins Schwarze. Denn wie so oft so gilt auch hier, was Antoine de Saint-Exupéry sagt: »Das Wesentliche ist für die Augen unsichtbar.«[67] Eine gute Schule lässt sich nicht allein an ihrem äußeren Erscheinungsbild erkennen. Wichtiger ist, was in der Schule und damit auch zwischen den Menschen passiert, die in der Schule arbeiten und lernen.

Der deutsche Schulpreis, der seit 2006 vergeben wird und immer wieder medial für Aufmerksamkeit sorgt, legt folgerichtig auch einen anderen Schwerpunkt, um gute Schulen zu identifizieren:[68] Leistung (in den Kernfächern ebenso wie in Kunst, Musik und Sport), Umgang mit Vielfalt; Unterrichtsqualität, Verantwortung (als Beispiel Demokratiebildung), Schulklima, Schulleben und außerschulische Partner, Schule als lernende Institution (mit einem kooperativen Kollegium). Bei aller Kritik am deutschen Schulpreis, der er öffentlich immer wieder ausgesetzt ist und die von mangelnder Transparenz über einseitige Stiftungsinteressen bis hin zu geringer Resonanz reicht, bewegt sich der Fokus doch in die richtige Richtung. Was also muss sich ändern in Deutschlands Schulen?

Weniger Digitalisierung, mehr Humanismus

Einer der größten Transformationsprozesse im deutschen Bildungssystem ist die Digitalisierung. Sie wurde vor allem in den letzten Jahren mit Mitteln aus einem eigens dafür vorgesehenen finanziellen Topf aus Bundesmitteln angestoßen: dem DigitalPakt Schule.[69] Ihn umzusetzen war nicht ganz einfach: Denn aufgrund der Kulturhoheit der Bundesländer besteht ein Kooperationsverbot mit dem Bund in Bildungsfragen. Es musste also erst eine rechtliche Regelung gefunden und das Grundgesetz geändert werden, bevor dann 2019 der DigitalPakt Schule realisiert werden konnte.

Anfänglich waren es fünf Milliarden Euro, die der Bund den Bundesländern für die Ausstattung der Schulen mit digitalen Medien zur Verfügung stellte. Infolge der Coronapandemie kam es zu einer Aufstockung um weitere 1,5 Milliarden Euro, die bis 2024 ausgegeben werden sollten. Eine Schule kann also durchschnittlich mit etwa 200 000 Euro rechnen, um sich mit digitalen Medien auszustatten.

So holprig der Start des DigitalPakt Schule war, so holprig läuft auch die Umsetzung. Dabei wurde nicht nur kritisiert, dass das zur Verfügung gestellte Geld zu langsam abgerufen wurde – im *Spiegel* war nach zwei Jahren, also im Jahr 2022, davon zu lesen, dass nicht einmal zehn Prozent der Mittel an den Schulen angekommen seien.[70] Gravierender sind die Rückmeldungen, was die Art und Weise der Verwendung anbelangt und damit auch die Wirkung der Digitalisierung auf die Bildung von Kindern und Jugendlichen. Fast schon ein Verdikt formulierte der Bundesrechnungshof Mitte 2022, als er forderte, den DigitalPakt Schule einzustellen: Die Gelder seien nicht nach Bedarf verteilt worden, die Verwendung schwer kontrollierbar, der Erfolg nicht messbar.[71] Lässt sich dieses Urteil aus pädagogischer Sicht stützen?

Blickt man derzeit auf die Debatten in anderen Ländern, so wird man skeptisch, was die Möglichkeiten der Digitalisierung anbelangt. Einstige Vorreiter wie Finnland, Schweden, Dänemark, Niederlande, Frankreich und Italien kehren der Digitalisierung an der Schule bereits wieder den Rücken und setzen stattdessen wieder vermehrt auf Bücher und Hefte.[72] Also besser keine digitalen Medien in der Schule?

So einfach ist es natürlich nicht. Zur Klärung dieser Frage ist eine Reihe von Unterscheidungen vorzunehmen. Leider wird dies in der öffentlichen Diskussion nicht gemacht, sodass häufig nicht miteinander, sondern übereinander gesprochen wird und sich in der Folge die Fronten schnell verhärten. Allzu schnell landet man bei den vermeintlich typischen Extrempositionen in der Debatte: auf der einen Seite die Apokalyptiker, die in der Digitalisierung Teufelszeug sehen, das am besten aus den Schulen verbannt werden sollte; und auf der anderen Seite die Euphoriker, die in den digitalen Medien einen pädagogischen Heilsbringer sehen, den man möglichst früh und umfassend in den Schulen einsetzen sollte, damit dort eine neue Kultur, die der Digitalität, Einzug hält. Die Wahrheit liegt, wie so oft, zwischen den Extremen, und man tut gut daran, sich sowohl der Extreme als auch der Abstufungen dazwischen bewusst zu werden.[73]

Zunächst sollte man sich Klarheit darüber verschaffen, was Digitalisierung überhaupt ist. Denn bei genauer Betrachtung muss man feststellen: alles und nichts. »Digitalisierung« ist heute ein Modewort, eine Worthülse, mit der vieles in Verbindung gebracht wird. Seit jeher gibt es Medien, die für die Menschheit und damit auch für die Bildung wichtig waren: der Griffel, die Kreidetafel, das Heft und der Füller, später dann der Taschenrechner, der Laptop, das Tablet und neuerdings Chatbots. Der Unterschied zwischen den älteren, analogen Medien und den neueren, digitalen Medien liegt darin, dass digitale Medien computerbasiert sind. In der Schule werden sie in unterschiedlichen Kontexten eingesetzt: etwa im Rahmen der Schulverwaltung zur Koordinierung von Terminen, Kontaktdaten und Absprachen zwischen Schule und Elternhaus, in der Unterrichtsvorbereitung und -auswertung der Lehrkräfte oder eben auch im Unterricht zur Steigerung des Bildungs- und Lernerfolges von Schülerinnen und Schülern. Da Schule vor allem ein Ort für die nachwachsende Generation ist, erscheint es angemessen, im Folgenden den zuletzt genannten Aspekt ins Zentrum der Aufmerksamkeit zu rücken.

Sinn und Zweck von analogen wie digitalen Medien ist es seit jeher, Menschen in ihrem Leben zu unterstützen. In der Schule gilt erst recht das Primat der Pädagogik: Schülerinnen und Schüler müssen nicht nur die Technik bedienen können, sondern die Technik muss ihnen auch dienen – und damit beginnen die eigentlichen Probleme in der Schule. Denn obschon heute nahezu alle Jugendlichen mit digitalen Medien aufwachsen, ist die Art und Weise ihrer Nutzung nicht immer lernförderlich, geschweige denn bildungswirksam. Häufig ist nämlich das Gegenteil der Fall: zu lange, zu einseitig, zu unreflektiert verwischen Kinder und Jugendliche ihre Lebenszeit, ohne dass am Ende etwas auf der Habenseite herauskommt.

Bei der Frage nach der Wirksamkeit ist folgende Unterscheidung wichtig: Werden digitale Medien als Mittel zum Zweck eingesetzt oder sind sie nur Selbstzweck? Oder anders gefragt: Inwiefern können digitale Medien das Lernen in den Fächern positiv beeinflussen? Die empirische Bildungsforschung hat hierzu in den letzten Jahren eine Unmenge an Studien durchgeführt und Daten generiert, die alle aufschlussreich sind, weil sie Mythen von Wahrheiten trennen.

Beispielsweise konnte in der Studie »Brain Drain« gezeigt werden, dass allein die Anwesenheit des Smartphones die Aufmerksamkeitsfähigkeit und die Lernleistung von Schülerinnen und Schülern reduziert.[74] Hierzu wurden Letztere in drei Gruppen eingeteilt, die anschließend einen Test schreiben mussten. Die erste Gruppe musste das Smartphone auf den Tisch legen, die zweite Gruppe in die Tasche stecken und die dritte Gruppe vor dem Prüfungsraum abgeben. Das Ergebnis der Studie ist eindeutig: Je näher das Smartphone, desto geringer die Aufmerksamkeitsfähigkeit und desto geringer die Lernleistung. Das Ablenkungspotenzial von Smartphones ist immens. Auch beim Schreiben mit digitalen Medien zeigen sich überraschende Effekte. So konnte in der Studie »The Pen is Mightier than the Keyboard« gezeigt werden,[75] dass Schülerinnen und Schüler dem Unterricht besser folgen können, wenn sie mit Papier und Bleistift mitschreiben, als wenn sie auf der Tastatur tippen. Die Gründe sind aufschlussreich: Schülerinnen und Schüler schreiben digital mehr mit als analog und noch dazu alles chronologisch. Beim analogen Schreiben finden sich in den Aufzeichnungen Querverweise und Systematisierungen, die auf eine stärkere gedankliche Durchdringung hinweisen. Die Studie »Don't Throw Away Your Printed Books« kommt hinsichtlich des Lesens zu einem ähnlichen Ergebnis.[76] Denn wenn nun das Geschriebene gelesen und auch gelernt werden soll, so zeigt sich, dass Schüler beim Lesen von Papier langsamer und damit gründlicher lesen. Der Lernerfolg steigert sich.

Es könnten an dieser Stelle noch viele weitere Studien zur Wirkung von digitalen Medien auf das Lernen in den einzelnen Fächern angeführt werden. Das Ergebnis ist immer eindeutig und in der Konsequenz gleich: Nicht die Technik allein führt zum Lernerfolg, sondern immer die Art und Weise, wie die Technik in den Unterricht integriert und für das Lernen genutzt wird. Damit ist es die Unterrichtsqualität, die entscheidend ist. Dies soll an den folgenden vier Punkten verdeutlicht werden. Sie gelten sowohl für analoge als auch für digitale Medien und beschreiben damit eine Grammatik des Lernens, die das Primat der Pädagogik begründet:[77]

Erstens erfordert Lernen Anstrengung und Einsatz. Immer wieder wird die These vertreten, dass sich Lernen durch Digitalisierung völlig verändert. An einer zentralen Grammatik des Lernens lässt sich diese Behauptung widerlegen. Dazu nutzen wir die Vergessenskurve.[78] So wissen wir aus zahlreichen psychologischen Studien, dass der Mensch um die sechs bis acht Wiederholungen braucht, um eine Information vom Kurzzeitgedächtnis ins Langzeitgedächtnis zu bringen. Fehlen diese Wiederholungen sowie die damit verbundene Anstrengung und der nötige Einsatz, so nimmt das Vergessen seinen Lauf. Der Moment des Vergessens beginnt also im Moment des Merkens. Und dies ist unabhängig davon, ob analog oder digital gelernt wurde.

Zweitens erfordert Lernen Herausforderung: Bildung im Allgemeinen und Lernen im Besonderen sind nichts Leichtes. Denn beides schreitet über Umwege und Irrwege voran, führt nicht selten zu Misserfolg und Scheitern, erzeugt Fehler. Insofern darf es im Bildungsbereich nicht darum gehen, Lernen möglichst leicht zu machen. Dies aber ist eine der beständigsten Botschaften von Technikkonzernen: Digitalisierung mache Lernen leichter. So schön diese These auch klingen mag, so falsch ist sie. Es muss vielmehr darum gehen, Lernen möglichst herausfordernd, motivierend zu gestalten. Erst dann stellt sich ein nachhaltiger und bildungswirksamer Lernprozess ein. Am Flow-Erlebnis lässt sich das Gesagte verdeutlichen:[79] Dabei erreichen Menschen den Zustand tiefer Zufriedenheit, wenn sie einer Aufgabe nachgehen, die sie herausfordert und bei der die Wahrscheinlichkeit des Erfolgs genauso groß ist wie die Wahrscheinlichkeit des Scheiterns. Wenn Digitalisierung im Bildungsbereich wirksam werden soll, dann muss sie so eingesetzt werden, dass dank ihrer die Herausforderung noch besser gesetzt werden kann als ohne sie.

Drittens erfordert Lernen positive Beziehungen. Es ist eine zentrale Erkenntnis der Anthropologie, der Wissenschaft vom Menschen, dass der Mensch ein Gegenüber braucht, um sich selbst zu erkennen. Fehlt dieses Gegenüber, ergeht es ihm wie Robinson Crusoe:[80] Einsam und verlassen wird man sich fremd und verliert sich in einer Welt ohne Halt und Orientierung. Empirisch lässt sich diese Erkenntnis mehrfach belegen, so zum Beispiel mit dem bereits erwähnten Dumm-und-dümmer-Effekt:[81] Menschen neigen dazu, sich in ihren Möglichkeiten zu überschätzen oder zu unterschätzen. Nur selten trifft das Bild, das man von sich zeichnet, auch tatsächlich zu. Die Fremdeinschätzung ist wichtig, um sich daran zu reiben und sich zu hinterfragen. Insofern ist auch das – durch die Digitalisierung befeuerte – Gerede vom Lernbegleiter und vom individualisierten Lernen wenig hilfreich, vielmehr unsinnig.[82] Schülerinnen und Schüler brauchen nicht nur einen »guide on the side«. Sie brauchen auch und in jeder Phase ihres Lebens einen »change agent«, wie es John Hattie nennt, einen Menschen, der ihnen den Spiegel vorhält, der sie ermutigt und die Herausforderung setzt, wenn sie nicht an sich glauben, der sie aber auch bremst, wenn sie falsche Erwartungen an sich richten. Zur Grammatik des Lernens gehören folglich Lehrer, die mit bewusstem und verantwortungsvollem Veränderungswillen agieren – wohl wissend, dass sie nur Angebote des Lernens machen können, die der Schüler nur selbst nutzen kann.

Viertens erfordert Lernen Motivation: Der Klassiker in der Diskussion um den Mehrwert der Digitalisierung im Bildungsbereich ist die These, dass durch den Einsatz von Tablets, Smartphones und Co. die Lernmotivation steigt. Empirisch ist das schön abbildbar und auf den ersten Blick zu bestätigen. Allerdings zeigt sich auf den zweiten Blick, dass diese Zunahme der Motivation nach zwei bis vier Wochen wieder abnimmt – spätestens dann, wenn Schüler merken, dass es doch nur ums Lernen geht. Und so leidet dieses Digitalisierungsargument an der Unkenntnis der Grammatik des Lernens, wonach Letzteres zwar Motivation erfordert, aber im Kern und auf Dauer eben keine sachfremde (extrinsische) Motivation, die außerhalb des Lernens liegt, sondern eine sachbezogene (intrinsische), die auf die Sache gerichtet ist, die es zu lernen gilt.[83]

Vor diesem Hintergrund ist das Ablenkungspotenzial von Smartphones nicht ein technisches Problem, sondern eines von uns Menschen. Die weniger wirksame Nutzung von Rechnertastaturen, Tablets und Pens hängt vor allem davon ab, wie wir Menschen die Technik nutzen. Und auch beim Lesen ist es nicht den digitalen Medien zuzuschreiben, dass wir Menschen Texte schneller wegwischen – denn wir Menschen sind es, die lernen, schreiben und lesen.

Damit Menschen folglich Technik sinnvoll nutzen, ist Medienkompetenz notwendig und in der Schule zu vermitteln. Von Natur aus wissen wir nichts über Technik, schon gar nicht über digitale Technologien. Niemand ist ein digital indigener Mensch. Der Planet Internet kennt keine Menschen, nur Bits und Bytes. Das Wissen über die Technik, der Umgang mit ihr, ihr zielgerichteter Einsatz und dessen kritische Reflexion sind Bestandteile einer Medienbildung, die für analoge und für digitale Medien gleicherweise gilt.

Aus diesen Ausführungen ergibt sich eine wichtige Schlussfolgerung: Technik ist weder gut noch schlecht. Menschen entscheiden aufgrund ihrer Nutzung der Technik darüber, ob sie diese zum Wohl oder zum Schaden einsetzen. So können Sie mit einem Füller ein wunderschönes Liebesgedicht schreiben – und im nächsten Moment den Empfänger um die Ecke bringen, wenn Sie nur an der richtigen Stelle mit demselben Füller zustechen.

So weit die Ausführungen zu digitalen Medien als Mittel zum Zweck. Doch wenn es um die Frage nach dem sinnvollen Einsatz geht, ist der Blick auf die digitalen Medien selbst gerichtet und damit die Frage gestellt: Welchen Einfluss haben digitale Medien auf Bildung und damit auf Menschen?

Aus unserer Sicht kann die Unterscheidung zwischen »technisch möglich« und »pädagogisch sinnvoll« hilfreich sein, um eine zukunftsfähige Antwort geben zu können.[84] Kurz gesagt: Maschine oder Mensch, was ist uns wichtiger in der Schule? Dass die digitale Maschine ihre Funktion erfüllt oder dass der Mensch sich positiv entwickelt?

Technisch möglich ist es schon heute, dass ein Gesichtsscan Informationen über den Gemütszustand von Schülern liefert. Aber ist es pädagogisch sinnvoll? Wenn Lehrkräfte eines Tages darauf zurückgreifen müssen, dann liegt bereits (zu) viel im Argen. In einer pädagogischen Atmosphäre kommen Schüler auf Lehrer zu, wenn sie Sorgen haben, und Lehrerinnen sprechen Schülerinnen an, wenn sie merken, dass etwas nicht stimmt.

Technisch möglich ist es schon heute, Lernprozesse so zu verpacken, dass Kinder und Jugendliche das Lernen gar nicht mehr bemerken. Aber ist es pädagogisch sinnvoll? Wer Lernen als Unterhaltung interpretiert, verkennt die Bedeutung des Lernens für die Bildung und ignoriert die Grammatik des Lernens, die Herausforderung, Anstrengung und Einsatz ebenso erfordert wie Umwege, Irrwege und Fehler.

Technisch möglich ist es schon heute, dass Fremdsprachen nicht mehr gelernt werden müssen, weil ein Computer als Simultanübersetzer fungiert. Aber ist es pädagogisch sinnvoll? Fremdsprachen sind mehr als Worte. Sie sind Träger von Kultur, von Werten und Normen, von Geschichte. Nicht umsonst schreibt

Johann Wolfgang von Goethe: »Wer fremde Sprachen nicht kennt, weiß nichts von seiner eigenen.«[85]

Technisch möglich ist es schon heute, dass ein Laptop durch Augenscan dem Lernenden ein Signal gibt, wenn es an der Zeit ist, eine Pause einzulegen. Aber ist es pädagogisch sinnvoll? Das Ziel von Bildung kann im mündigen Bürger gesehen werden, der frei ist von Zwängen und basierend auf seiner Vernunft Entscheidungen trifft. Nicht das, was man aus mir gemacht hat, ist folglich unter Bildung zu verstehen, sondern das, was ich aus meinem Leben gemacht habe.

Technik hat dem Menschen zu dienen – nicht umgekehrt, und auch nicht gleichgestellt. Wenn Technik dem Menschen seine Freiheit und seine Vernunft nimmt, dann werden Menschen zu Maschinen. KI, gerade in Form von Chatbots, insbesondere ChatGPT, hat eine großen Debatte auch in der Bildungsöffentlichkeit ausgelöst, und sie ist ein gutes Beispiel, um diese Aussage näher zu erläutern:[86]

Euphorische Stimmen sehen mit den Chatbots ein neues Zeitalter anbrechen, weil jeder Mensch für sich Antworten erhalten kann, die ihm aus welchen Gründen auch immer nicht zugänglich wären, geschweige denn aus sich selbst heraus generiert werden könnten. Mehr Bildungsgerechtigkeit, so die Hoffnung, sei damit endlich gegeben.

Ein empirischer Blick auf Digitalisierung allgemein kann hilfreich sein, um solche Argumente einzuordnen. Denn das Argument, dass Technik zu mehr Bildungsgerechtigkeit führt, wird schon lange genannt. Die Wahrheit aber ist, dass genau das Gegenteil der Fall ist: Technik ist einer der größten Treiber für mehr Bildungsungerechtigkeit.[87] Warum? Weil Menschen mit schlechter Bildung Technik weitaus unsinniger einsetzen als Menschen mit guter Bildung. Man muss kein Prophet sein, um vorhersagen zu können, dass das auch auf Chatbots zutreffen wird.

Interessanterweise führen euphorische Stimmen den Vergleich mit Taschenrechnern ins Feld. Denn wie diese das Rechnen revolutionierten, werden auch Chatbots das Schreiben, ja mehr noch das Denken verändern. Richtig ist, dass Taschenrechner das Rechnen verändert haben. Aber leider nicht nur zum Guten. So gibt es heute Menschen, die an den leichtesten Rechenaufgaben scheitern und verzweifelt zum Handy greifen, um die Taschenrechner-App zu starten.

Unterm Strich weisen die jüngsten Schulleistungsstudien nach, dass es um die Rechenleistung der nachwachsenden Generation nicht sonderlich gut bestellt ist. Sie nimmt zum ersten Mal seit den Kriegsjahren im Vergleich zu den vorausgegangenen Generationen wieder ab. Sicherlich hat das nicht nur mit dem Taschenrechner zu tun. Aber es ist nicht von der Hand zu weisen, dass sich, seitdem fast jeder Jugendliche mit einem Handy ausgestattet ist, das außerschulische Rechenverhalten verändert hat. Pädagogisch hat man zwar in der Schule entgegengesteuert, indem Taschenrechner erst ab einer bestimmten Jahrgangsstufe – zur Entlastung der Rechenleistung, nicht zur Entlastung des Denkens – zugelassen sind. Doch was in den Kinderzimmern zu Hause passiert, entzieht sich dem schulischen Einflussbereich.

Man wird also nicht umhinkommen, auch bei Chatbots pädagogisch zu agieren. Derzeit gibt es diese Debatten, die aber am Kern der pädagogischen Herausforderung vorbeigehen. So wird diskutiert, ob die Prüfungsformate sich nicht ändern müssten – warum solle heute noch jemand eine Gedichtinterpretation schreiben, eine Zusammenfassung vorlegen oder gar eine Erörterung verfassen?

Das alles können Chatbots – und vielfach sogar besser als viele jüngere Schüler. Also her mit den neuen Prüfungsformaten, bei denen Kinder und Jugendliche Chatbots bedienen und dann lieber schauen, was der Rechner so ausspuckt. Aber um so etwas bewerten zu können, ist Kompetenz im entsprechenden Bereich nötig, und wer nie gelernt hat, eine Gedichtinterpretation zu schreiben, der wird auch nicht einschätzen können, ob eine gut ist oder schlecht.

Über all das wird bereits heftig und kontrovers diskutiert. Doch es ist höchste Zeit, die eigentliche pädagogische Herausforderung in den Blick zu nehmen: Chatbots haben aufgrund ihrer Möglichkeiten das Potenzial, Bildung zu gefährden, ja sogar zu verhindern.

Hierzu muss kurz in Erinnerung gerufen werden, was Bildung eigentlich meint. In einer humanistischen Tradition lässt sich Bildung als Autorschaft des eigenen Lebens verstehen.[88] Der Mensch bestimmt, was aus ihm wird. Als vernunftbegabtes Wesen hat er die Möglichkeit, sich frei zu entfalten. Bildung ist in diesem Sinn, so lässt es sich im Anschluss an Jürgen Habermas auf den Punkt bringen: vernünftige Freiheit.[89]

Beides, Vernunft und Freiheit, ist bei einer naiven Verbreitung von Chatbots in Gefahr. So argumentiert bereits Martin Heidegger in *Die Frage nach der Technik*,[90] ohne damals auch nur eine Ahnung davon haben zu können, was heute mit Technik alles möglich ist und dass sie dem Menschen seine Freiheit nehmen kann. Wie ist das zu verstehen? In *Die Antiquiertheit des Menschen* liefert Günther Anders eine Antwort auf diese Frage: Zunächst definiert er den Menschen als Grenze seiner selbst. Denn der Mensch hat zwar viele Möglichkeiten, aber gleichzeitig sind diese Möglichkeiten auch seine Grenzen.[91]

Durchaus ist der Mensch ein freies Wesen, das frei ist von bestimmten Zwängen und dadurch auch frei, sich zu entscheiden. Aber diese Freiheit ist nicht grenzenlos, sondern an die Grenzen der menschlichen Vernunft gebunden.

So kann der Mensch etwa seine natürlich begrenzte Rechenleistung durch Computerunterstützung steigern. Somit sind

Rechenoperationen, die im vordigitalen Zeitalter mehrere Wochen dauerten, heute in Sekundenschnelle realisierbar. Ist diese Technik erst einmal in der Welt, führt sie zu einer Abhängigkeit des Menschen und nimmt ihm seine Freiheit. Wobei nicht verschwiegen werden sollte, dass uns auch die Natur durch die eng miteinander vernetzten Prozessketten innerhalb der natürlichen Abläufe Grenzen setzt, was wir unter anderem durch die globale Nutzung von elektronischen Geräten gewaltig verändert haben. Denn jede Technik verbraucht Ressourcen, die wir aus dem Boden holen, erzeugt Abfälle, die wir zu Lande, zu Wasser und in die Luft entlassen. Vernünftige Freiheit erkennt diese Grenzen und geht verantwortlich mit den unerlässlichen Lebensgrundlagen gesunde Böden, sauberes Trinkwasser und reine Atemluft um.

Technik ermöglicht es also dem Menschen, seine Grenzen zu verschieben. Sie führt zu einer Entgrenzung des Menschen. Günther Anders nennt diese Verschiebung »prometheisches Gefälle«:[92] Der Abstand zwischen dem Menschen und der von ihm geschaffenen Produktwelt wird immer größer. Daraus zieht er drei Schlussfolgerungen: »dass wir der Perfektion unserer Produkte nicht gewachsen sind; dass wir mehr herstellen als vorstellen und verantworten können; und dass wir glauben, das, was wir können, auch zu dürfen, nein: zu sollen, nein: zu müssen«.[93]

Hannah Arendt spitzt in der Einleitung zu *Vita activa* diese Aussage noch weiter zu:

Sollte sich herausstellen, daß Erkennen und Denken nichts mehr miteinander zu tun haben, daß wir erheblich mehr erkennen und damit auch herstellen können, als wir denkend zu verstehen vermögen, so würden wir wirklich uns selbst gleichsam in die Falle gegangen sein, bzw. Sklaven [...] unseres eigenen Erkenntnisvermögens geworden sein, von allem Geist und allen guten Geistern verlassene Kreaturen, die sich hilflos jedem Apparat ausgeliefert sehen, den sie überhaupt nur herstellen können, ganz gleich wie verrückt oder wie mörderisch er sich auswirken möge.[94]

Mit anderen Worten: Die vernünftige Freiheit des Menschen ist in Gefahr. Die Vernunft, weil Menschen lieber chatten als selbst nachdenken, und die Freiheit, weil kein Mensch nachvollziehen kann, woher denn die Antworten kommen, die Chatbots ihm geben. Gerade an dieser Stelle werden Manipulationen Tür und Tor geöffnet und die Abhängigkeiten im wahrsten Sinn des Wortes vorprogrammiert.

Pädagogisch resultiert daraus ein klarer Auftrag: die Menschen so zu stärken, dass sie Technik nicht nur bedienen können, sondern dass Technik ihnen dient. Es reicht daher nicht aus, den Umgang mit Technik zu lehren und den Einsatz von Chatbots zu regulieren, sondern es wird nötig sein, noch mehr als bisher die Bildung der Menschen zu stärken. Vor allem was Lesen und Schreiben anbelangt, wird mehr als bisher notwendig sein.

Wichtig dabei ist, dass diese Kompetenzen nicht nur auf der mechanischen Ebene des Könnens gefördert werden, sondern besonders auf der Ebene der Vertiefung und in diesem Sinn im Bereich des Verstehens. Sodann wird es notwendig sein, hinter die Kulissen der Technik zu schauen: Wer steckt dahinter? Welche Motive sind erkennbar, und welche Motive könnten bestehen, ohne dass sie erkennbar sind? Welche Algorithmen führen zu den Antworten, und wie lassen sie sich überprüfen? Wie gelingt es, die Möglichkeiten von Chatbots zu nutzen und gleichzeitig die Risiken zu vermeiden?

Und schließlich: Wo ist die Grenze zwischen Sein, Schein und Möglichkeit? Gerade in der digitalen Welt verschwimmt sie immer mehr, weil auf den ersten Blick nicht mehr sichtbar ist, was wirklich, gefälscht oder fiktiv ist. Diese und ähnliche Fragen bilden den Kern einer Medienerziehung.

Somit ist die Frage nach den Möglichkeiten einer Digitalisierung immer gekoppelt an die Grenzen der Digitalisierung. Diese erfordert immerzu, die Chancen für das Lernen den Risiken für die Bildung gegenüberzustellen. Eine umfassende Medienbildung – bestehend aus Medienkunde, Mediennutzung, Mediengestaltung und Medienkritik – ist damit der grundlegende Auftrag einer Digitalisierung im Bildungsbereich. Wenn wir ehrlich sind, dann ist Johann Wolfgang von Goethe selbst nach rund zweihundert Jahren nichts mehr hinzuzufügen: »Denn es ist doch nur der Geist, der jede Technik lebendig macht.«[95]

Trotz der angeführten Argumente kommen viele Akteure vor allem in der Bildungspolitik zu dem Schluss, dass Schulen noch mehr Digitalisierung brauchen. Wir sehen das anders und fordern das Gegenteil: weniger Digitalisierung, mehr Humanismus.

Zugespitzt formuliert findet sich diese Forderung bereits in der frühen Erkenntnis des Computer- und Informatikpioniers Alan Turing: Nur Maschinen können Maschinen verstehen.[96] Was heißen soll: Wenn die Fähigkeiten der Maschinen immer komplexer und vielfältiger werden, können wir nicht mehr verstehen, warum Maschinen so handeln, wie sie handeln. Lassen wir Maschinen immer häufiger entscheiden und urteilen, bekommen wir keine Begründung, und selbst wenn wir sie bekämen, könnten wir sie nicht mehr denkend durchdringen. Medienbildung bedeutet deshalb vor allem Medienbändigung und Regulierung.

Weniger Drinnen, mehr Draußen

In der Folge einer milliardenschweren Digitalisierungswelle in den letzten Jahren haben sich nicht nur Schulhäuser, sondern auch Klassenzimmer verändert. Kaum hat man das Schulhaus betreten, weist einem ein Monitor den Weg durch das Schulhaus. In den Klassenzimmern hängen keine Tafeln mehr, stattdessen flimmern den ganzen Tag Smartboards & Co. Und auf den Tischen von Schülerinnen und Schülern liegen immer seltener Bücher, Hefte und Stifte, stattdessen findet man Tablets und andere digitale Medien vor.

Nur auf diesem Weg, so das Argument, kann die Schule die Schülerinnen und Schüler für die digitale Transformation der Gesellschaft fit machen. Auf den ersten Blick ist dieses Argument nachvollziehbar: Je mehr sich die Gesellschaft verändert, desto mehr muss die Schule auch Schritt halten. Digitalisierung darf nicht vor den Schultoren Halt machen. Ein zweiter Blick lässt dann aber doch Zweifel aufkommen. Es stellt sich nicht die Frage, ob Digitalisierung in die Schulen gehört – das ganz gewiss –, sondern wie viel und welche Digitalisierung sinnvoll ist. Wozu es führt, wenn man es damit übertreibt, lässt sich an vielen Schulstandorten schon rein äußerlich sehen: Woran erkennt man heute eine Schule von außen? Richtig, man erkennt sie daran, dass bei jedem Wetter die Jalousien geschlossen sind. Denn nur, wenn es dunkel genug ist, kann man der PowerPoint-Präsentation der Lehrkraft folgen. Wie eingekerkert sitzen die Schülerinnen und Schüler in ihren Klassenzimmern und wissen oft gar nicht, wie das Wetter ist. Nur gut, dass es eine App dafür gibt.

Aus schultheoretischer Sicht ist die Frage nach der Quantität und Qualität der Digitalisierung leicht beantwortbar: Schulen haben im Kern immer zwei Funktionen, nämlich Reproduktion und Innovation.[97] Sie sollen also zum einen das weitergeben, was das Fundament einer Gesellschaft ausmacht. Hierzu zählen insbesondere die Werte, die für eine Kultur bestimmend sind. Soll Digitalisierung ein Baustein dafür sein, dann muss Schule diesen Gegebenheiten Rechnung tragen. Zum anderen sollen Schulen die nachwachsende Generation befähigen, die Gesellschaft als Ganzes weiterzuentwickeln und neue Herausforderungen zu erkennen und zu bewältigen. Bestes Beispiel für so eine Herausforderung ist Nachhaltigkeit, die nicht nur eine politische Frage ist. Sie enthält immer eine ökonomische, ökologische und soziale Perspektive und setzt damit aufseiten aller Menschen eine entsprechende Bildung voraus.[98] Gleiches gilt für die Digitalisierung, die, wie immer bei neuen technischen Entwicklungen, nicht nur Positives, sondern auch Negatives hervorbringen kann. Dann hat die Schule die Aufgabe, die Menschen so zu befähigen, dass sie kritisch-konstruktiv das Positive aufgreifen und das Negative verhindern können.

Schulen heute werden diesem Anspruch nicht immer gerecht. Zu sehr dominiert das Postulat »Je digitaler, desto besser!« Johann Friedrich Herbart wies schon früh darauf hin, dass es nicht der Kernauftrag der Schule ist, noch mehr von dem aufzugreifen, was Kinder und Jugendliche sowieso schon haben. Vielmehr forderte er »die Erweiterung des Gedankenkreises«.[99] Schule soll also das anbieten, was Kinder und Jugendliche heute nicht oder nicht mehr haben. Zu Zeiten von Herbart waren das vor allem Bücher. Konsequenterweise wurden aus Schulen schnell Buchschulen, und damit wurde Schülern die Welt der Bücher nähergebracht, eine Welt, die sich die meisten ohne Schule nicht hätten erschließen können. Und heute? Im Zuge der Digitalisierung wird den Kindern und Jugendlichen noch mehr von dem angeboten, was sie schon kennen. Wer nachmittags bereits mehrere Stunden vor den digitalen Geräten sitzt, soll das nun am Vormittag auch noch stundenlang machen. Vor dem Hintergrund der Argumentation von Herbart ist dies der falsche Weg. Eine Erweiterung des Gedankenkreises ist nur möglich, wenn man Lernenden das näherbringt, was sie nicht kennen – und damit schließt sich der Kreis: Bücher – denn sie finden sich heute immer weniger in Kinder- und Jugendzimmern –, Tageszeitungen, Naturerfahrungen, analoge Spiele, Sport und Bewegung.

Es sollte nicht nur das staatliche Schulwesen aufhorchen lassen, dass ausgerechnet die führenden Köpfe der Techkonzerne ihre Kinder in Schulen schicken, in denen digitale Geräte nicht nur nicht angeboten werden, sondern sogar ausdrücklich verboten sind – Waldorfschulen. Sie erfreuen sich im Silicon Valley eines regen Zulaufs.[100] Nicht nur, dass die Chefs von Google, Facebook & Co. wissen, wozu Digitalisierung in der Lage ist und was digitale Medien mit jungen Menschen machen können, auch die empirische Bildungsforschung mahnt zu einem Umdenken, das auf weniger Drinnen und mehr Draußen abhebt.

Das Stichwort lautet in diesem Kontext »erlebnispädagogische Maßnahmen«, beispielsweise Lesenächte, Zeltlager und Schullandheimaufenthalte. Deren Effekte auf alle untersuchten Bereiche sind positiv:[101] auf mathematische, naturwissenschaftliche und sprachliche wie auch auf soziale Kompetenzen, auf das Selbstkonzept und auf die Lernmotivation. Und noch eine Besonderheit von erlebnispädagogischen Maßnahmen ist zu nennen: Sie haben sogenannte Follow-up-Effekte und behalten ihren Einfluss über die konkrete Maßnahme hinaus. Das ist in der Erziehungswissenschaft selten. Meistens tritt ein sogenannter Wash-out-Effekt ein, demzufolge nach einer gewissen Zeit der Einfluss einer Maßnahme nicht mehr nachgewiesen werden kann, beispielsweise bei vielen Programmen zur frühkindlichen Förderung.

Die Forderung lautet daher: In Zukunft muss jede Klasse mindestens einmal im Schuljahr eine erlebnispädagogische

Maßnahme durchführen. Dies fördert nicht nur das fachliche Lernen, sondern auch die soziale und physische Entwicklung. Und in der Lehrerbildung muss dieses Thema von Anfang an gesetzt werden – jemand, der sich nicht vorstellen kann, eine Woche mit seiner Klasse außerhalb der Schule unterwegs zu sein, sollte seine Berufswahl überdenken.

Aber es müssen in diesem Zusammenhang gar nicht immer die aufwendigen Fahrten sein. Auch im Kleinen ist draußen viel möglich.[102] So können Pausenhöfe, wenn sie nicht wie Kasernenhöfe gestaltet sind, viele Bildungsanlässe bieten. Pädagogisch gestaltet können Pausenhöfe nicht nur Räume zum Spielen und zum Erholen sein, sondern auch zum Lernen und zum Arbeiten. Warum gibt es in Deutschland eigentlich so gut wie keine Schulgärten mehr? August Hermann Francke hat bereits um 1700 herum in Halle einen der ersten Schulgärten in Deutschland angelegt.[103] Und selbst in der sonst so repressiven DDR gab es ein Schulfach »Schulgarten«, das auch in der Lehrerbildung an Universitäten angeboten wurde.

Leider hat diese Tradition die Wiedervereinigung nicht überlebt.[104] Weder haben sie die westlichen Bundesländer entschlossen aufgegriffen, noch ist sie in den östlichen Bundesländern konsequent fortgeführt worden. So gibt es heute immer weniger Schulgärten, und wo sie noch vorzufinden sind, wirken sie häufig wie ein Überbleibsel einer längst vergangenen Zeit, verwahrlost und wenig gepflegt, geradezu leblos. Vieles hängt dann von engagierten einzelnen Lehrerinnen und Lehrern ab, die viel Idealismus und Leidenschaft mitbringen. Sind sie nicht mehr da, fällt auch der Schulgarten in einen Dornröschenschlaf oder verschwindet ganz. Einzig in Thüringen gibt es noch das Schulfach »Schulgarten«. In den anderen Bundesländern gibt es zwar Empfehlungen, die aber deutlich in die Jahre gekommen sind. Es ist also Zeit, Schule und Unterricht auch in diesem Sinn mehr nach draußen zu verlegen – und bitte nicht nur in der Grundschule, denn auch Jugendliche können noch etwas im Schulgarten lernen (und die allermeisten Erwachsenen auch). Wer konkret spüren möchte, was Hans Jonas in seinem zentralen Werk *Prinzip Verantwortung* mit seinem kategorischen Imperativ »Handle so, dass alle Lebewesen in Gegenwart und Zukunft ein gedeihliches Leben führen können« meint,[105] der mache seine ersten wichtigen Erfahrungen von »Gedeihlichkeit« im Schulgarten und nicht im nüchternen Klassenzimmer.

Die Veränderungen in der Kindheit und Jugend in den letzten Jahren, mit einer heranwachsenden Generation, die sich immer mehr von der Natur entfernt, die Jahreszeiten nicht mehr hautnah erlebt und durch ein immerwährendes Angebot in Supermärkten den Bezug zu Lebensmitteln verliert, wären allein schon Grund genug für eine Renaissance des Schulgartens. Hinzu kommen aber auch die Selbsttätigkeit, die Verantwortung, die Gemeinschaft, die Nähe zur Natur, das Erkennen von Ursache und Wirkung in einem kleinen Ökosystem, das Beobachten von Tieren und Pflanzen, das Wahrnehmen der Schöpfung und der Würde alles Lebenden. Gartenarbeit im Allgemeinen und der Schulgarten im Besonderen sind aus pädagogischer Sicht ein unermesslicher Schatz. Denn nahezu alles, was dort von Schülern und Lehrern verlangt wird, fordert und fördert Bildung.[106]

Aus dem berühmten Werk *Didactica Magna* von Johann Amos Comenius, der wohl erste neuzeitliche Didaktiker, wird oft der Garten als Bildungsort abgeleitet, weil die Kinder dort durch Wahrnehmung und Aktivität die Natur und die Zusammenhänge des Lebens besser verstehen können.[107] Auch war Comenius damals schon bewusst, dass der Aufenthalt im Freien die Gesundheit und das Wohlbefinden fördert – heute gibt es hierzu unzählige Studien aus der Psychologie und der Medizin, die belegen, dass Waldspaziergänge gesund sind und sogar das

Umarmen von Bäumen eine positive Wirkung auf die Psyche haben kann.

Der Zeitpunkt für eine Renaissance des Schulgartens könnte nicht besser sein. Der Klimawandel hat die Menschheit fest im Griff, das Bewusstsein, die Würde der Erde zu achten, ist so stark wie schon lange nicht mehr, und in der Folge kommen Ideen auf, die auch für die Schule von Interesse sein können. *Urban Gardening* ist so eine Idee, die in vielen Städten gerade umgesetzt wird. Dabei geht es nicht nur darum, dass Menschen in einem Stadtteil gemeinsam einen Garten bearbeiten und pflegen, sondern auch darum, sich sozial auszutauschen und miteinander ins Gespräch zu kommen. Ein Garten wird dann zur Begegnungsstätte.

Auch für Schulen ist dies ein interessanter Gedanke. Denn Schulen begreifen sich schon viel zu lange als abgeschottete Orte. Mehr Draußen, weniger Drinnen bedeutet nämlich auch, die Schule nach außen hin zu öffnen und als Teil der Gemeinschaft zu sehen. Wenn Schule zu Recht als *Polis* verstanden wird, als Demokratie im Kleinen, dann ist es ebenso konsequent, Schule als *pars totius der Polis im Großen* zu verstehen. Denn Schule ist ein Teil der Gesellschaft und damit ein Teil der Demokratie. Es reicht nicht aus, nur das Leben in die Schule zu bringen, indem die Ziele und Inhalte des Unterrichts an die Lebenswelt der Kinder und Jugendlichen geknüpft werden. Es ist ebenso wichtig, auch die Schule in das Leben zu bringen. Dafür ist eine Öffnung unumgänglich. Ein Schulgarten, der Teil eines *Urban Gardening* ist, kann das leisten. Ebenso sind Konzerte von Schulbands denkbar sowie alle Feste und Feiern im Jahreskreis, zu denen alle Bürgerinnen und Bürger eingeladen sind.

Insbesondere Themen rund um das Stichwort »Nachhaltigkeit« können aus einer Schule etwas ganz Neues machen. Schulen können über Aktionen zu kommunalen Akteuren werden (von der Gemeinde übers Quartier bis zum Stadtteil), mit einer hohen Strahlkraft. Organisieren Lehrer, Schüler und die Eltern gemeinsam Veranstaltungen zu Themen wie Klimaschutz, Energiewende, biologische Vielfalt und dergleichen mehr, dann wird Schule in einer Gemeinde oder Stadt wirksam, ja geradezu selbstwirksam. Und das ändert nicht nur die Rolle der Schule in der Kommune, sondern innerhalb der Schule auch die Atmosphäre. Kurz gesagt: Es entsteht ein »Teamgeist«, und es wird »nebenher« gelernt, denn die Themen inspirieren die Beteiligten, Jugendliche wie Erwachsene. Die Zukunftsherausforderungen der ökologisch notwendigen Transformationen, die »Wenden« in den Bereichen Klima, Verkehr, Wärme und Energie, werden zu relevanten Inhalten des Schulalltags und verbinden damit alle in der Schule miteinander. Sie machen aus der Schule einen essenziellen Lebensraum, der etwas macht mit Schülern und Lehrern.

Weniger Loyalität, mehr kollektive Wirksamkeit

Eng, aber warm sei die Jacke eines verbeamteten Lehrers, so lautet ein bekannter Spruch. Dabei wird übersehen, dass der Lehrerberuf einer der herausforderndsten Berufe überhaupt ist, wie es hohe Burn-out-Zahlen immer wieder belegen.[108] Es wird also nicht ausreichen, es sich in seiner engen Jacke kuschelig zu machen, und ist keinem zu empfehlen. Wer ein erfolgreicher Lehrer werden, sein und bleiben möchte, wird daher viel investieren und eine ordentliche Portion Idealismus mitbringen müssen. Schließlich unterrichtet eine Lehrkraft etwa 45 000 Schulstunden im Lauf ihres Lebens.[109] Und, wie bereits erwähnt: Keine dieser Unterrichtsstunden ist perfekt, in jeder steckt der Fehler. Wie nutzt man also die eigenen Fehler, um besser zu werden?

Die immer wieder beschworene Loyalität ist zwar für das Beamtentum notwendig, aber nicht ausreichend für eine Professionalisierung und Weiterentwicklung der Schule. Was ist stattdessen gefragt? Ein Blick auf die Coronajahre, die vor allem das Bildungssystem massiv beeinträchtigt haben, hilft, eine Antwort auf diese Frage zu finden. Es waren nicht so sehr die Strukturen, die Methoden oder die Medien, die zum Einsatz kamen und zu Erfolgsgaranten wurden. Vielmehr lag das Geheimnis des Erfolges von Lehrkräften in der Krise vor allem in der Art und Weise, wie das Kollegium über Schule denkt. In der Forschung wird von kollektiver Wirksamkeitserwartung gesprochen. Was ist damit gemeint? Ein Beispiel soll zur Verdeutlichung dienen:[110]

Im Jahr 2015 sorgte eine mehrteilige Dokumentation über einen Schulentwicklungsprozess für Schlagzeilen: Das Kambrya College schickte sich an, von einer der schlechtesten Schulen Australiens zu einer der besten zu werden. 2002 in Berwick gegründet, knapp 50 Kilometer von Melbourne entfernt, zählt die Schule heute über 1000 Schülerinnen und Schüler, von denen über 25 Prozent einen Migrationshintergrund haben und insgesamt über 35 Nationalitäten repräsentieren. Wenn man so will: eine typische Schule im 21. Jahrhundert. Aufgrund schlechter Leistungen ihrer Schülerinnen und Schüler in nationalen Vergleichstests wurde die Schule 2008 zu einer sogenannten Red School erklärt und damit zu einer der schlechtesten Schulen des Landes. Daraufhin machte sich das Schulleitungsteam um den Schulleiter Michael Muscat auf den Weg und knüpfte Kontakte zu anderen Bildungsinstitutionen, unter anderem zur Graduate School of Education der University of Melbourne, um die Schule dank neuer Erkenntnisse aus der Bildungsforschung voranzubringen. Schon nach kurzer Zeit gelang es, einige wichtige Reformen umzusetzen und die Schule auf die Erfolgsspur zu bringen. Nur ein Beispiel für eine besonders wirksame Maßnahme: Alle Lehrkräfte verständigten sich darauf, dass zu Beginn jeder Unterrichtsstunde die Lernziele bewusst gemacht, alle

Methoden und Medien erklärt und die Erfolgskriterien am Ende der Stunde nochmals erläutert werden. Allein dieser Konsens führte dazu, dass in der Schule wieder mehr über Unterricht gesprochen wurde und zudem ein echter Dialog mit den Schülern stattfand. Die drei beschriebenen Aspekte wurden zudem auch verschriftlicht und entsprechende Wortkarten an prominenter Stelle in den Klassenzimmern aufgehängt.

Gelingt es einer Schule also, eine gemeinsame Vision von Bildung zu entwickeln, Kriterien für Unterrichtsqualität zu bestimmen und sie als Richtschnur für den Schulalltag zu nehmen, dann kann sie selbst in der Krise vieles bewirken. Dabei steht im Zentrum dieses Denkens nicht die Frage: Haben wir ausreichend Tablets? Sondern die pädagogische Frage schlechthin: Was ist das für ein Mensch vor mir? Wer aus pädagogischer Sicht erfolgreich durch die Krise kommen und vor allem auch aus der Krise lernen möchte, der muss Schulen Raum und Zeit geben, um für sich eine kollektive Wirksamkeitserwartung formulieren zu können. Dafür sind sicherlich Lehrerfort- und -weiterbildungen notwendig, die anders als bisher keine Eintagsfliegen sein dürfen, sondern längerfristig angesetzte Programme. Sie sollten auch nicht nur von Einzelpersonen besucht werden, sondern das ganze Kollegium ansprechen, Fehler ins Zentrum des Austausches über Schule und Unterricht setzen und schließlich aus dem Einzelkämpfer einen Teamspieler machen. Damit ist nicht gemeint, dass alle von nun an das Gleiche tun müssen. Vielmehr ist entscheidend, dass gemeinsam an einer Vision von Bildung und Schule gearbeitet wird.

Hier wird auch die Rolle der Schulleitung für einen solchen Umgestaltungsprozess deutlich.[111] Forschungsergebnisse bestätigen, dass Schulleitungen entscheidend für den Erfolg einer Schule sind. Hier trennt sich dann schnell die Spreu vom Weizen. Nicht jede Schulleitung wird ihrem Namen gerecht. Der

Grund ist einfach: Eine gute Schulleitung wird nicht mit dem Tag der Ernennung installiert, sondern sie setzt eine ganz eigene Professionalisierung voraus. Das umfasst natürlich auch Verwaltung und Rechtsfragen. Aber nicht nur! Eine gute Schulleitung muss den Spagat hinbekommen, einerseits Herausforderungen zu setzen und andererseits ein Wohlfühlklima zu schaffen. Es ist vor allem ihre Aufgabe, dafür zu sorgen, dass alle Lehrerinnen und Lehrer des Kollegiums ihre Bestleistungen bringen, damit kein Kind zurückgelassen wird, und sich gleichzeitig auch wohlfühlen. Das ist kein Widerspruch, aber sicherlich eine Herausforderung, die viel Führungskompetenz und eine entsprechende Haltung von der Schulleitung verlangt: Eine gute Schulleitung braucht also nicht nur Wissen und Können im Bereich der Führung eines Kollegiums, sondern auch eine entsprechende Motivation und einen normativen Kompass. Es ist höchste Zeit, dass die Ausbildung von Schulleitern und Schulleiterinnen endlich eine systematische und wissenschaftliche Fundierung erhält. Denn es ist die Aufgabe der Schulleitung, ein kooperatives Klima im Kollegium zu entwickeln, Regeln und Rituale der Zusammenarbeit zu implementieren und entsprechende Rahmenbedingungen zu etablieren.

Schlussendlich liegt es nämlich an der Schulleitung, eine gemeinsame Vision einer erfolgreichen Schule zu initiieren, sie umzusetzen und auch zu evaluieren. Dabei ist es nicht trivial, danach zu fragen, was eine gute Schule ausmacht und woran sich eine solche erkennen lässt. Zur Beantwortung dieser Frage greifen wir auf ein erkenntnistheoretisches Modell des US-Autors Ken Wilber zurück,[112] das dieser in Anlehnung an Karl Popper und Jürgen Habermas entwickelt hat. Wilbers Kernaussage ist, dass sich komplexe Phänomene aus unterschiedlichen Perspektiven betrachten lassen und jede dieser Perspektiven für sich genommen wichtig ist.

Im Wesentlichen können vier erkenntnistheoretische Zugänge unterschieden werden: ein objektiver, ein subjektiver, ein intersubjektiver und ein interobjektiver. Wie helfen diese Zugänge bei der Beantwortung unserer Schlüsselfrage: Was ist eine gute Schule?

Objektiver Zugang: Unter diesem Blickwinkel dominieren empirische Methoden, Erkenntnisgewinn erfolgt durch Messen, Testen und dergleichen. Ein Beispiel für eine entsprechende Aussage wäre: »Es regnet draußen.« Diese Aussage kann jede Person schnell und einfach überprüfen. Aussagen aus diesem Blickwinkel nehmen die Wahrheit für sich in Anspruch. Wenn es im Kontext von Schule um Messen und Testen geht, dann ist Effektivität das bestimmende Kriterium, und die Frage nach einer guten Schule spitzt sich auf die Teilfrage zu: Was ist eine effektive Schule? Paradebeispiele hierfür sind die internationalen Vergleichsstudien PISA & Co., in denen die Leistungsfähigkeit von Bildungssystemen im Ländervergleich anhand der mathematischen, naturwissenschaftlichen und sprachlichen Kompetenzen gemessen wird. Auch die bereits mehrfach zitierte Studie »Visible Learning« ist eine wahre Fundgrube, um über die Effektivität des Lernens und Lehrens nachzudenken. Allerdings erschöpfen sich Bildung und schulische Leistung nicht in den genannten Kompetenzen. Erinnert sei erneut an die multiplen Intelligenzen von Howard Gardner:[113] Es gibt auch motorische, soziale, affektive, moralische, ethische und religiöse Kompetenzen, die ebenfalls zum Aufgabenbereich von Erziehung und Unterricht gehören, die aber empirisch selten gemessen werden, weil sich diese Kompetenzen einer entsprechenden Messung entziehen. Die empirische Bildungsforschung misst in erster Linie das, was gut zu messen ist. Das ist ihr Vorteil, gleichzeitig aber auch ein Nachteil. Denn wie man es auch dreht und wendet: Komplexe Systeme, und die Schule ist ohne Zweifel ein komplexes System, lassen sich nicht durch Messgrößen allein hinreichend charakterisieren, denn das Ganze ist mehr als die Summe seiner Teile. Aristoteles spricht mit diesem Satz ja eigentlich eine für jeden offensichtliche Tatsache aus:[114] Kein Ding besteht nur aus Teilen, erst die richtigen Abläufe und die stimmigen Prozesse lassen es funktionieren. Das Wort »Ding« kann man durch alles ersetzen, was aus Teilen zusammengesetzt ist. Womit wir bei den wichtigsten Akteuren der Schule sind: den beteiligten Menschen, den Subjekten.

Subjektiver Zugang: In dieser Perspektive geht es in erster Linie um Bedürfnisse, Interessen und Gefühle. Ein Beispiel hierfür wäre die Antwort »Es geht mir gut« auf die Frage »Wie geht es Ihnen?« Dass der Wahrheitsgehalt dieser Aussage sich einem empirischen Zugang entzieht, liegt auf der Hand: Es kann mithilfe von Messungen oder Tests nicht überprüft werden, ob jemand die Wahrheit sagt oder womöglich lügt. Infolgedessen können Aussagen aus dieser Perspektive für sich keine Wahrheit in Anspruch nehmen, sondern Wahrhaftigkeit. Überträgt man diesen Gedanken auf die Frage nach einer guten Schule, so werden die Grenzen eines objektiven Zugangs deutlich: Bildung besteht eben nicht nur aus Kompetenzen, und Schule erschöpft sich nicht darin, möglichst effektiv zu sein. Ebenso wichtig sind die Interessen, die Wünsche und Bedürfnisse aller Beteiligten. Damit spitzt sich aus dieser Perspektive betrachtet die Frage nach einer guten Schule auf die Teilfrage zu: Was ist eine freudvolle Schule? Es ist kein Geheimnis, dass effektive Lebenszeit nicht immer erfüllt sein muss und ebenso erfüllte Lebenszeit nicht immer effektiv genutzt wird. Zur Bildung gehört aber beides. Dass die Perspektive der Freude in der Diskussion vergessen wird, hat mit einer Überbetonung der Effektivität zu tun.

Intersubjektiver Zugang: Werte und Normen, Regeln und Rituale spielen aus dieser Perspektive eine große Rolle und haben

Einfluss darauf, wie Menschen denken und handeln. Sie können weder empirisch bestimmt noch vom Einzelnen festgelegt werden. Vielmehr bedürfen sie einer argumentativen und diskursiven Auseinandersetzung. Insofern ist der Anspruch, der mit Aussagen aus diesem Blickwinkel erhoben werden kann, nicht Wahrheit oder Wahrhaftigkeit. Stattdessen geht es um ein kulturelles Passen. Überträgt man diesen Gedanken auf die Frage nach einer guten Schule, so lässt sich die Teilfrage formulieren: Was ist eine kulturell passende Schule? In diesem Sinn sind vor allem Ziel- und Inhaltsfragen gemeint. Diese lassen sich weder empirisch bestimmen, noch können sie vom Einzelnen festgelegt werden. Die Frage, was in der Schule warum gelernt werden soll, muss diskursiv und argumentativ beantwortet werden. Jede Kultur muss sich diese Fragen selbst stellen. Der Begriff der Bildung ist somit auch immer wieder neu zu bestimmen. Was heute für wichtig erachtet wird, kann morgen schon überholt sein. Zu denken ist etwa an die Umwelterziehung, die mit der Atomkatastrophe in Tschernobyl 1986 besondere Aufmerksamkeit erfuhr, um dann für mehrere Jahre wieder weitgehend in der Versenkung zu verschwinden. Der aktuelle Klimawandel bringt dieses Thema wieder ganz nach oben auf die Agenda.

Interobjektiver Zugang: Hier dominieren systemische Perspektiven, wonach kein Mensch für sich allein existiert, sondern eingebunden ist in verschiedene Kontexte – in Familie, in Wirtschaft, in Politik, in Kirche, um nur einige zu nennen. Gemäß der Systemtheorie von Niklas Luhmann,[115] die mit dieser Perspektive in Verbindung gebracht werden kann, gibt es zahlreiche Spannungsverhältnisse zwischen den einzelnen Systemen, die vor allem auf die unterschiedlichen Codes zurückzuführen sind, mit denen die Systeme sich äußern und arbeiten: Der Politik geht es in erster Linie um Macht, der Wirtschaft um Gewinne, der Kirche um Glauben, den Schulen um Bildung usw. Diese unterschiedlichen

Interessenlagen können zu Konflikten und Kontroversen führen. Ihre Klärung erfordert insofern Aussagen, die die unterschiedlichen Interessen in Einklang bringen und damit funktional zusammenpassen. Auch für die Frage nach einer guten Schule ist diese Perspektive relevant: Wie passt die schulische Ausrichtung zu den wirtschaftlichen Anforderungen? Gerade in Zeiten der Digitalisierung wird hierüber vielfach diskutiert. Wie gelingt es, Erwartungen von Familien und schulische Möglichkeiten miteinander abzugleichen? Sowohl die Quantität als auch die Qualität von Ganztagsschulen spielen hier eine Rolle. Und schließlich: Wie interagiert das Schulsystem mit außerschulischen Bildungsstätten? Hierzu zählen Angebote von Vereinen, Museen, Theatern und vielem anderen mehr. Dieses funktionale Passen ist somit ein wichtiges Kriterium für eine gute Schule, das allerdings nur kultur- und landesspezifisch bestimmt werden kann.

Insofern ist eine gute Schule effektiv, funktional und kulturell passend sowie freudvoll – und somit gilt auch hier: Schule – anders!

SCHULSYSTEM – ANDERS!

Was gibt es heute nicht alles für tolle Schulprojekte: Schule ohne Rassismus – Schule mit Courage, Umweltschule in Europa – Internationale Nachhaltigkeitsschule, Fairtrade School, Digitale Schule, MINT-Schule und Demokratieschule, ja sogar eine Philipp-Lahm-Schultour wurde schon auf den Weg gebracht. Die Krönung für viele: der deutsche Schulpreis. Stellt sich eine Schule engagiert auf, so schmückt das Schultor ein ganzes Arsenal an Auszeichnungen, was in dieser Schule nun alles besonders ist.

Nichts gegen die genannten Initiativen. Sie zeigen aber doch, dass es aktuell nicht an Ideen mangelt, wie das Schulsystem verbessert werden kann. Offensichtlich liegt einiges im Argen, sonst gäbe es all diese Projekte nicht. Reformen sind folglich nötig – und sie werden noch grundlegender debattiert.

Paradebeispiel hierfür ist das Gymnasium. Waren es einmal neun Jahre in den westlichen Bundesländern, mussten zu Beginn der Nullerjahre acht Jahre ausreichen, um dann in den letzten Jahren wieder zu neun Jahren zurückzukehren. Nach der Reform war also vor der Reform. Argumente sind in diesem Zusammenhang viele gewechselt worden. Interessant ist dazu der Diskussionsstand in den östlichen Bundesländern: Hier gab es gar keine Diskussionen, denn dort gab und gibt es das Gymnasium immer schon mit acht Jahren.

Irgendwie scheinen diese Reformen und Debatten am eigentlichen Kern des Problems vorbeizugehen. Denn das Schulsystem selbst macht noch keine Bildung. Es sorgt für einen Rahmen, der von den Menschen im System ausgefüllt wird. Insofern sind es vor allem die Menschen, die darüber entscheiden, ob ein Bildungserfolg eintritt oder nicht. Lohnt es sich dann gar nicht mehr, über das Schulsystem nachzudenken? Doch, aber anders als bisher.

Weniger Strukturdebatten, mehr Qualitätsdebatten

Es ist eine der leidenschaftlichsten Debatten im Bildungssystem: Welche Schulform ist die bessere? Das Gymnasium oder die Gesamtschule? Oder vielleicht auch ganz was anderes? Nicht selten lassen sich bildungspolitisch allein daran zwei Lager ausmachen: Konservative Parteien favorisieren die Dreigliedrigkeit mit dem Gymnasium als höchster Schulform, während progressive Parteien auf die Gesamtschule setzen. Seit Jahren brodelt diese Debatte, und vor Landtagswahlen kocht sie dann so richtig hoch.

Es ist mühsam, die öffentlichen Debatten an dieser Stelle nachzuzeichnen. Zu festgefahren erscheinen die Fronten, zu ideologisch aufgeladen sind die Positionen. Nur allzu leicht verscherzt man es sich mit dem einen Lager, bevor man überhaupt zu Ende gedacht hat. Das Problem daran ist eigentlich längst bekannt, aber die bildungspolitische Öffentlichkeit ignoriert beziehungsweise vergisst schnell, dass Strukturdebatten für sich genommen wenig bringen. Denn es sind, wie bereits mehrfach erwähnt, die Menschen, die Strukturen zum Leben erwecken.

Die empirische Forschung, die Sachlichkeit in die Debatte bringen möchte und dies aufgrund ihres wissenschaftlichen Vorgehens auch kann, macht das seit Jahrzehnten deutlich und fordert: Weniger Strukturdebatten, mehr Qualitätsdebatten.

Bei aller berechtigten Kritik an PISA: Die daran anschließende deutschlandweite Auswertung der Ergebnisse in den Bundesländern, PISA-E genannt,[116] war die erste große Leistungsstudie, die einen Rückschluss auf Schulsystemfragen in Deutschland zuließ. Der Aufwand, der dazu betrieben wurde, war im Vergleich zu PISA um ein Vielfaches größer, das Ergebnis bildungspolitisch brisant.

Die Auswertungen zeigen, dass im dreigliedrigen Schulsystem die Leistungsschere stärker auseinandergeht als in Gesamtschulen. Dem dreigliedrigen Schulsystem gelingt es daher besser, leistungsstarke Schülerinnen und Schüler zu fördern – allen voran am Gymnasium, das etwa in Bayern sogar internationale Spitze erreichte. Im Vergleich dazu schaffen es Gesamtschulen besser, die leistungsschwächeren Schülerinnen und Schüler zu fördern und das Auseinanderdriften der Lernleistungen geringer zu halten.

Auf den ersten Blick ist zu folgern: Es ist eine Pattsituation, die sich da auftut. Bildungspolitisch wird diese je nach Lager für die jeweils eigenen Zwecke auszunutzen versucht. Interessanterweise wurde PISA-E eingestellt. Zwar gibt es mit dem IQB-Ländervergleich einen Nachfolger, der mit Blick auf die Ergebnisse in den Bundesländern immer noch für Diskussionsstoff sorgt, aber der Schulsystemvergleich wird nicht mehr unmittelbar durchgeführt, sondern muss indirekt aus den erhobenen Daten abgelesen werden.

Derweil ist die Botschaft aus empirischer Sicht eine andere als die geschilderte Pattsituation. Denn es kommt darauf an, was im Schulsystem passiert, welcher Unterricht stattfindet, wie Schüler und Lehrer miteinander interagieren und dergleichen. Wer das nicht erkennt, verfällt allzu leicht in die alten Debattenmuster, die nicht selten ideologiebelastet sind. Qualitätsdebatten sind daher wichtiger als Strukturdebatten.

Mithilfe der Studie »Visible Learning«, die von John Hattie, einem der führenden Erziehungswissenschaftler weltweit, verfasst und vom *Times Educational Supplement* mit den Worten »Research Reveals Teaching's Holy Grail« besprochen wurde, lässt sich dieser Schluss nochmals auf den Punkt bringen.[117]

»Visible Learning« gilt als der bis heute umfassendste Versuch, die Ergebnisse der empirischen Bildungsforschung zusammenzufassen. Waren bei der Erstveröffentlichung 2009 noch etwa 800 Meta-Analysen enthalten, so umfasst der Datensatz heute über 2100 Meta-Analysen mit über 120 000 Einzelstudien und geschätzt über 400 Millionen Schülern – keine Studie umfasst mehr Daten. Das Ergebnis ist eine Rangliste aus über 350 Faktoren, die als Gelingensbedingungen für Schule und Unterricht interpretiert werden können. Blickt man nun auf eine Reihe von Faktoren, die zu den Strukturmerkmalen gezählt werden können, so zeigt sich: Die meisten haben geringe Effekte auf die Lernleistung, so zum Beispiel die Reduzierung der Klassengröße, leistungshomogene versus leistungsheterogene Klassenbildung, Ganztagsschulen, Einsatz von PowerPoint und finanzielle Ausstattung. Demgegenüber erreichen viele Faktoren, die sich mit Qualitätsmerkmalen von Unterricht befassen, hohe Effekte auf die Lernleistung, so zum Beispiel Feedback, Lehrer-Schüler-Beziehung, Motivation der Schüler sowie Klarheit des Lehrers.

Die Quintessenz aus mehr als 2100 Meta-Analysen lautet denn auch: Weniger Strukturdebatten, mehr Qualitätsdebatten. Vor allem die Professionalität der Lehrkraft spielt eine Rolle, wenn Strukturmaßnahmen greifen sollen. Denn sie entscheidet darüber, ob in den neuen Strukturen auch etwas anderes, Wirksameres passiert. Angesichts der zahlreichen Studien muss man zudem eingestehen: Nicht in der Pädagogik gibt es ein Erkenntnisproblem, sondern in der Bildungspolitik, und demzufolge dort auch ein Implementationsproblem. Leider werden oft genug die Erkenntnisse der pädagogischen Forschung dem politischen Kalkül geopfert. Es geht eben in der Politik nicht um Inhalte, sondern um Interessen.

Weniger Exklusion, mehr Inklusion

Als Deutschland 2009 die UN-Behindertenrechtskonvention ratifizierte,[118] dauerte es noch eine Weile, bis diese Debatte die breite Bildungsöffentlichkeit erreichte. Bis heute hält sie an, weil selbst bei grundlegenden Fragen noch immer keine Einigkeit besteht. Was ist schon Inklusion? Selbst unter Erziehungswissenschaftlerinnen und -wissenschaftlern gibt es teilweise kaum überbrückbare Differenzen. Wie soll ein Schulsystem inklusiv sein? Kein Wunder also, dass Inklusion immer noch als Kampfbegriff eingesetzt wird und im Kern mehr Vision als Wirklichkeit ist. Derweil besteht kein Zweifel, dass Bildung immer inklusiv ist. Denn Bildung schließt keinen Menschen aus, sondern jeder Mensch ist in der Lage, sich zu bilden, ja mehr noch: Jeder bildet sich, ob er will oder nicht, ob ihm das bewusst ist oder nicht.

Ein Schulsystem muss diesem Grundsatz Rechnung tragen. Lange war das auch in Deutschland nicht der Fall, etwa was die Rechte der Frauen betraf. Im 18. und 19. Jahrhundert dominierte die Auffassung, dass höhere Schulen nur für Jungen und nicht für Mädchen geeignet seien. Die älteste Universität in Deutschland, die Ruprecht-Karls-Universität in Heidelberg, öffnete 1386 ihre Pforten nur für Männer.[119] Frauen wurde in Deutschland erst Ende des 19. Jahrhunderts ein Studium erlaubt, wählen durften sie erst 1918. Vor 1958 konnten Frauen ohne Erlaubnis ihres Ehemannes keinen Führerschein erwerben, und tatsächlich erst seit 1977 ist eine Frau berechtigt, erwerbstätig zu sein – ohne Zustimmung ihres Ehemannes![120]

So weit muss man aber gar nicht in die Geschichte zurückblicken, um zu erkennen, dass das Schulsystem nach wie vor vielfach exkludiert: Kinder, die aufgrund einer Beeinträchtigung gar nicht in die Schule kommen oder nicht in die Schule gehen können, die für sie die beste wäre, sondern diejenige nehmen müssen, die die nächstgelegene ist; Kinder, die aufgrund fehlender familiärer Ressourcen nicht an Schulveranstaltungen teilnehmen können; Kinder, die wegen ihres kulturellen Hintergrundes im Schulsystem mit Vorurteilen zu kämpfen haben, und vieles andere mehr.

Wie stark die kulturellen Unterschiede im Bildungssystem wirken, zeigt der Bildungstrichter, der immer wieder von verschiedenen Forschungseinrichtungen erhoben wird.[121] Dabei wird untersucht, wie sich die Bildungschancen von Kindern aus Akademikerfamilien im Vergleich zu Kindern aus Nicht-Akademikerfamilien entwickeln: Von 100 Grundschulkindern aus Akademikerfamilien beginnen 80 ein Studium, das 60 mit einem Bachelorabschluss, 40 mit einem Masterabschluss und sechs mit einer Promotion beenden. Im Gegensatz dazu beginnen von 100 Grundschulkindern aus Nicht-Akademikerfamilien 30 ein Studium, das 20 mit einem Bachelor, zehn mit einem Master und zwei mit einer Promotion abschließen. Die Anteile verschieben sich zwar von Jahr zu Jahr etwas, aber ohne die grundlegende Tendenz zu verändern.

So gesehen ist das derzeitige Schulsystem nicht nur leistungsorientiert, sondern mit Blick auf soziale Hintergründe exklusiv. Je älter die Schülerinnen und Schüler sind, desto eher werden sie mit Gleichaltrigen zu tun haben, die aus einem ähnlichen Milieu kommen – Ausnahmen bestätigen die Regel.

Offensichtlich wirken im Bildungssystem Kräfte, die mit dem familiären Hintergrund zusammenhängen. Dies ist zunächst nicht überraschend: Kinder aus einem bildungsnahen Milieu erfahren mehr kognitive Anregung, haben mehr kulturelle Kontakte und erleben mehr akademische Vorbilder als Kinder aus bildungsfernen Milieus. Sie haben dadurch Vorteile im Bildungssystem. In der Forschung wird dieses Phänomen als Matthäus-Effekt bezeichnet: Wer hat, dem wird gegeben – oder: Ein Kind aus einem bildungsnahen Milieu kann mehr aus schulischen Angeboten mitnehmen als ein Kind aus bildungsfernen Milieus. Das gilt für nahezu alles, was in Schulen implementiert wird, für den Unterricht und auch strukturelle Maßnahmen, zum Beispiel den Ganztagesunterricht. Gerade dort zeigt sich in Studien immer wieder, dass viele erfolgversprechende Angebote von Kindern aus engagierten Elternhäusern besser angenommen werden – mit dem Ergebnis: Die Bildungsschere wird nicht geschlossen, was intendiert ist, sondern sie geht auseinander.[122]

Das Problem liegt denn auch tiefer, als man in einfachen Strukturdebatten gern suggeriert. Denn Studien zeigen sogar, dass die bestehenden Ungleichheiten durch das Schulsystem noch verstärkt werden. Eines der eindringlichsten Beispiele: Grundschulkinder mit Migrationshintergrund erhalten bei gleicher Leistung eine schlechtere Note als Grundschulkinder ohne Migrationshintergrund.[123]

Dies belegt, was bereits deutlich gemacht wurde: Das Problem liegt nicht allein in den Strukturen – die Grundschule hat beileibe nicht den Ruf, auszugrenzen, sondern sie ist seit der Weimarer Verfassung die erste gemeinsame Schule für alle Kinder, und ebenso verfolgt der Ganztagsunterricht sicherlich nicht das Ziel, die Bildungsschere noch weiter zu öffnen. Vielmehr sind es auch hier die Menschen, insbesondere die Lehrkräfte und ihre Professionalität, die darüber entscheiden, wie Strukturen wirken.

In den 1960er-Jahren war es das katholische Arbeitermädchen vom Land, das als Bildungsverliererin galt. Heute ist es der

Junge mit Migrationshintergrund aus der Großstadt.[124] Es ist also höchste Zeit, immer wieder daran zu erinnern, dass Bildung inklusiv ist und das Schulsystem inklusiv auszurichten ist. Kein Kind darf zurückgelassen werden, und jedes Kind soll die bestmögliche Bildung erhalten.

Weniger Gleichheit, mehr Gerechtigkeit

Kritische Stimmen werden an dieser Stelle einwenden: »Das ist doch alles Unsinn und mehr pädagogisches Wunschdenken als schulische Wirklichkeit! Ja, Kinder sind verschieden, aber hört auf mit der Gleichmacherei!« Wichtig an diesem Einspruch ist: Gleichmacherei ist in der Tat der falsche Weg. Es geht um Bildungsgerechtigkeit.

Nun ist schon deutlich geworden, dass Bildung etwas sehr Komplexes ist. In Kombination mit Gerechtigkeit wird die Sache noch komplizierter. Im Kern sind drei Perspektiven zu unterscheiden, weil sie unterschiedliche Konsequenzen für eine Schule der Zukunft haben:[125]

Erstens: anthropologische Bildungsgerechtigkeit. Damit ist gemeint, dass jeder Mensch die Gabe und die Aufgabe hat, sich zu bilden. Die Autorschaft des eigenen Lebens ist etwas, das jedem Menschen in gleicher Weise zukommt, unabhängig von Geschlecht, Glauben, Hautfarbe, Herkunft und dergleichen. Ein Bildungssystem ist dann gerecht, wenn es jedem Menschen das Recht auf Bildung zugesteht und dieses nicht von individuellen Merkmalen abhängig macht oder gar davon begrenzt wird. Mit anderen Worten: Kein Kind darf zurückgelassen werden!

Zweitens: pädagogische Bildungsgerechtigkeit. Sie meint, dass alle Menschen Unterschiede im Hinblick auf ihre Persönlichkeit aufweisen. Menschen unterscheiden sich mit Blick auf Wissen, Können, Werte, Einstellungen, Erfahrungen, Bedürfnisse, Motivationen, Hoffnungen, Visionen und vieles andere mehr. Ein Bildungssystem ist dann gerecht, wenn es diese Unterschiede erkennt und berücksichtigt. Die Folge daraus ist eben nicht Gleichmacherei, sondern Differenzierung. Menschen brauchen abhängig von ihren Möglichkeiten bestimmte Angebote. Nicht jeder ist zum Akademiker geboren, und nicht jeder kann ein Handwerker werden. Mit anderen Worten: Jedes Kind lernt anders!

Drittens: soziale Bildungsgerechtigkeit. Sie meint, dass es nicht nur notwendig ist, Menschen unterschiedlich zu behandeln, sondern auch, dass manche Menschen mehr Angebote brauchen als andere. Was auf den ersten Blick ungerecht erscheinen mag, weil es doch wenige privilegiert, entpuppt sich auf den zweiten Blick aber als Gewinn für alle. Ein Beispiel hierfür ist die frühe Sprachförderung. Studien belegen, dass diese umso wirksamer ist, je früher sie beginnt. Prävention vor Intervention also, was beispielsweise im Kontext einer Förderung von Kindern mit Migrationshintergrund wichtig ist. Das nützt nicht nur den Kindern, die diese Förderung erhalten, sondern früher oder später der Gemeinschaft, weil dadurch kulturelle Teilhabe besser gelingt und auch der Berufseinstieg wahrscheinlicher wird. Ebenso kann es sinnvoll sein, Schüler zu fördern, die in einem Bereich besonders leistungsstark sind, weil sie für die Gemeinschaft dann Erfolge einfahren können. Von guten Ideen und klugen Köpfen hängen immer auch Wirtschaftskraft und Arbeitsmarktentwicklungen ab. Beide Beispiele belegen also den Gewinn für alle durch eine Fokussierung auf wenige. Mit anderen Worten: mehr Aufmerksamkeit für manche Kinder!

Wenn Sie selbst Kinder haben, dann werden Sie dem Gesagten umgehend zustimmen können: Natürlich bildet sich jedes Ihrer Kinder, und jedes Ihrer Kinder soll ohne Auflagen in die

Schule gehen können. Aber auch die eigenen Kinder sind nicht gleich, sondern sie brauchen je nach Kontext unterschiedliche Angebote. Das eine Kind kann dort Talente haben, wo das andere Kind einer Förderung bedarf, und dieses kann wiederum in einem ganz anderen Bereich seine Stärken haben.

Es ist nicht die Aufgabe des Bildungssystems, Menschen in Berufe, Milieus, Gruppen einzuteilen, sondern die Gesellschaft im Kern zu einen. Eine ausschließliche Gleichmacherei hilft hier wenig, weil sie die Unterschiede der Menschen ignoriert. Vielmehr ist hier eine Ungleichbehandlung angesagt und auch gerecht, die jedem Menschen das Recht auf Bildung zugesteht und auf dem Grundsatz der Chancengleichheit basiert.

Das Schulsystem allein wird diesen Anspruch nicht erfüllen können. Zu viele Akteure spielen hier eine Rolle, zu viele Räder greifen hier ineinander. Aber das Schulsystem kann besser als bisher einen Beitrag leisten, damit jeder Mensch seine bestmögliche Bildung erreichen kann. Jenseits der Strukturdebatten und der Frage, welche Schulform nun die bessere ist, erscheint es wünschenswert, mehr als bisher über die Qualität zu diskutieren. Was passiert in den bestehenden Strukturen und wodurch zeichnen sich die Schulformen aus? Dabei ist der Anspruch, Bildung inklusiv zu verstehen, grundlegend, und er erfordert, kein Kind zurückzulassen, im Bildungsprozess und damit in jeder Schulform zu differenzieren und manchen Kindern besondere Aufmerksamkeit zu schenken. Stellt man diese Grundsätze dem bestehenden Schulsystem gegenüber, so wird schnell sichtbar: Es gibt viel zu tun. Also: Schulsystem – anders!

Vielleicht ist es genau an dieser Stelle, wo es um das System Schule geht, sinnvoll, einen weiteren Bezugsrahmen aufzuspannen. Gerechtigkeitsforderungen sind Ansprüche, die sich in besonderem Maße durch politische Debatten und entsprechendes politisches Handeln auszeichnen. Der demokratische Wille bildet sich entlang von Gerechtigkeitsdebatten: Generationengerechtigkeit, wenn es um die Altersversorgung in immer stärker durch die demografische Entwicklung bestimmten ungleichen Verhältnissen zwischen Jung und Alt geht. Soziale Gerechtigkeit, wenn es um die Unterstützung von wirtschaftlich schwächeren und ärmeren Bevölkerungsschichten geht. Entsprechendes gilt für Steuergerechtigkeit, Klimagerechtigkeit etc.

Alle diese Punkte beschreiben die enorme Wucht von Gerechtigkeitsfragen gerade auch in der Bildung. Ein demokratischer Rechtsstaat braucht nämlich möglichst gerecht behandelte und deshalb bildungsgerecht unterrichtete Bürgerinnen und Bürger. Denn er kann die Werte, die ihn ausmachen, nicht selbst herstellen.[126] Dafür ist er auf überzeugte Demokratinnen und Demokraten angewiesen. Wenn sich eine demokratisch verfasste Gesellschaft wirklich als demokratische Gemeinschaft ernst nimmt, dann weiß sie um die Brisanz einer möglicherweise »abgehängten« Bevölkerungsgruppe, die sich zumindest subjektiv ungerecht behandelt fühlt, auch wenn es nach objektiven Kriterien gar nicht stimmt. Schule kann diesem Gefühl des Nicht-wahrgenommen-Seins von Anfang an, vom ersten Schultag an, entgegentreten, indem sie die Werte, für die unsere demokratische Gesellschaft steht, mit Leben und Freude erfüllt und alle gerecht behandelt. Aus sehr gutem Grund: Das Wagnis, das unsere Demokratie um der Freiheit aller willen eingehen muss, kann nur gelingen, wenn alle wissen, was auf dem Spiel steht, falls wir die Demokratie für populistische Sprücheklopfer und radikale Rattenfänger der politischen Extreme opfern – und zwar deshalb opfern, weil wir es entweder nicht besser wissen oder weil wir nicht gut genug unterrichtet worden sind oder weil wir es vergessen haben. Das richtige Schulsystem kann hier »den Anfängen wehren«. Schule kann den wichtigen Bindungsstoff für eine Gesellschaft liefern, die zwar nicht immer einer Meinung ist, aber weiß, wo sie hin will. Einigkeit und Recht und Freiheit – und dazu gehört auch die Gerechtigkeit, wo immer wir sie herstellen können. Vor allem und ganz besonders in unseren Schulen.

5 UNTERRICHT – ANDERS!

»Non scholae, sed vitae discimus.« (Nicht für die Schule, sondern für das Leben lernen wir.) Wer kennt nicht diesen Ausspruch? Er geht auf Seneca zurück und stammt aus einem Brief, den er an Lucilius geschrieben hat.[127] Interessanterweise hat Seneca ihn aber anders verwendet. Denn er schrieb »Non vitae, sed scholae discimus« (Nicht für das Leben, sondern für die Schule lernen wir.) und formulierte damit seine Kritik am damaligen Unterricht, dass vieles, was gelernt werden muss, nicht dem Leben diene, sondern nur der Schule, und diese einen bloßen Selbstzweck erfülle. In der heute gängigen Abwandlung ist das Zitat eine ebensolche Mahnung, mehr Leben in die Schule und damit in den Unterricht zu bringen.

Jeder von uns, der auf seine Schulzeit zurückblickt und die rund 15 000 Schulstunden, die man durchschnittlich erleben durfte,[128] Revue passieren lässt, wird sicherlich viel Sympathie für die Zuspitzung von Seneca haben. Was hat man nicht alles gelernt, um es schnell wieder zu vergessen! Leider geht mit dieser Erfahrung, dass man vieles nur für die Schule lernt, auch viel Motivation verloren. Können Sie sich noch erinnern, in welcher Jahrgangsstufe bei Ihnen die Freude am schulischen Lernen verschwunden ist?

Der US-amerikanische Autor Lyle Lee Jenkins war einer der Ersten, der dieser Frage empirisch nachgegangen ist. Dazu wurden in den USA Lehrkräfte befragt, wie sich ihrer Einschätzung nach die Freude am schulischen Lernen von der Grundschule bis zu den Abschlussklassen zeigt. Das Ergebnis war eine Kurve, die aufschlussreich ist:[129] Während in den ersten Schuljahren fast 100 Prozent der Kinder gern in die Schule gehen, um dort zu lernen, nimmt die Freude am schulischen Lernen mit zunehmender Dauer schrittweise immer weiter ab. Den Tiefpunkt bildet in etwa die 9. Jahrgangsstufe, in der nur noch ein Drittel der Schüler gern in die Schule geht, um dort zu lernen. In den letzten Schuljahren steigt die Quote wieder etwas an, auf etwa 40 Prozent – wenn also Licht am Ende des Tunnels zu sehen ist, dann scheint auch die Freude am schulischen Lernen wieder zuzunehmen.

In der nach dem oben erwähnten Zitat Senecas benannten Seneca-Studie wurde dieses Resultat für Deutschland gut bestätigt.[130] In dieser Studie wurden über 2200 Schülerinnen und Schüler aus dem Sekundarbereich nach dem zentralen Motiv für das Lernen in der Schule befragt. Die anfänglich uneingeschränkte Freude am schulischen Lernen nimmt schnell ab und weicht einer Ernüchterung. Ergänzt wurde die Erhebung um die wegweisende Frage, wie wichtig Freundinnen und Freunde für das schulische Lernen sind. Ergebnis: Über alle Jahrgangsstufen hinweg wurden konstant hohe Werte von über 80 Prozent genannt. Es sind also die Freunde, wegen derer wir in die Schule gehen. »Non scholae, sed amicis discimus« (Nicht für die Schule, sondern für die Freunde lernen wir), so könnte man im Anschluss an Seneca sagen.

Was diese Ergebnisse nun besonders deutlich machen: Der Unterricht schafft es nicht, die Freude am Lernen zu erhalten. Kinder kommen wissbegierig in die Schule und finden eine Gemeinschaft, die trägt, aber die Freude am Lernen selbst vergeht, ja wird den Kindern manchmal sogar ausgetrieben. Dabei gibt es heute mehr Erkenntnisse über Unterrichtsmethoden und mehr

Medien, ob analog oder digital, als jemals zuvor, und dennoch zeigt sich Schule nicht als der Bildungsort, der sie eigentlich sein könnte und müsste. Woran hapert es also im Unterricht?

Weniger Unterricht, mehr Erziehung

Historisch betrachtet war die Reformpädagogik eine der wirkmächtigsten Kritiken im pädagogischen Bereich.[131] Anfang des 20. Jahrhunderts entstanden und angeführt von Maria Montessori, Ellen Key, John Dewey, Paolo Freire, Célestin Freinet und Georg Kerschensteiner, fand sie rasch weltweit Beachtung.

Das gemeinsame Motiv ihrer Kritik war: Der Unterricht ist zu sehr auf die Lehrer fixiert. Lehrkräfte sind es, die aus ihrer Sicht entscheiden, was als Nächstes wie zu lernen ist. Warum die Schülerinnen und Schüler sich etwas aneignen sollen, wird meist nicht reflektiert, geschweige denn beantwortet. So steht am Ende eine Buch-Schule, die losgelöst von der Lebenswelt der Kinder und Jugendlichen ist und sich Jahr für Jahr auch nicht im Geringsten selbst hinterfragt. Damit fokussiert sich Unterricht auf die Vermittlung von Wissen und Können, nimmt aber nicht den Menschen mit all seinen Möglichkeiten in den Blick: Kreativität, soziales Lernen, Kritikfähigkeit und dergleichen – all dies fristet ein Schattendasein und ist allenfalls Randerscheinung des Unterrichts. Die Emotionen beim Lernen und auch die Motivationen haben keine Bedeutung, sie werden missachtet oder als gegeben angesehen und damit als Sache der Schüler abgetan. In der Konsequenz ergibt dies: Der Lehrer ist die Autorität schlechthin. Sie entscheidet, und wem es nicht passt, der muss mit Strafen rechnen. Noten, die dafür auch eingesetzt werden, verstärken dieses Machtgefälle. Der Unterricht ist standardisiert. Für Schülerinnen und Schüler folgt daraus, dass sie in der Regel das ausführen müssen, was ihnen aufgetragen wird, und vor allem durch Anpassung an den vorgegebenen Unterricht glänzen können.

Wie wurde auf diese Kritik reagiert, um den Unterricht zu verbessern? Die Liste der Antworten ist nahezu endlos. Im Folgenden sei kurz skizziert, was die genannten Reformpädagoginnen und -pädagogen dazu vorgeschlagen haben.

Maria Montessori entwickelte eine eigene Methode, die auf der Idee basiert,[132] dass Kinder von sich aus neugierig und lernwillig seien. Es brauche keinen Druck, sondern eine vorbereitete Lernumgebung, dann würden Schülerinnen und Schüler selbstständig, eigenverantwortlich und auch mit Freude lernen. Die von ihr entwickelten Materialien sind bis heute im Einsatz und ein Beispiel für Freiarbeit. So manches Kind schafft es in der Grundschulstufe von Montessorischulen nahezu ohne fremde Hilfe, sich die Grundrechenarten beizubringen.

Ellen Key betonte die Freiheit und die Individualität des Kindes.[133] Infolgedessen forderte sie einen Unterricht, der die Stärken und Schwächen jedes Einzelnen berücksichtigt und Möglichkeiten der Selbstbestimmung enthält. Des Weiteren betonte sie, dass Unterricht auch auf die moralische Entwicklung eingehen und praktische Elemente enthalten müsse.

Der zuletzt genannte Aspekt stand im Zentrum der Überlegungen von John Dewey: »Learning by Doing«, so sein Motto.[134] Dies sah er besonders in einem Projektunterricht verwirklicht, in dem Schülerinnen und Schüler mitbestimmen können, welches Thema sie bearbeiten, es sich kognitiv erschließen und praktische Erfahrungen damit sammeln. Die Einbindung der Lebenswelt wird damit zu einem Eckpfeiler für den Unterricht, der weit mehr verfolgt, als nur etwas zu lernen. Für John Dewey war Schule eine »embryonic society«,[135] also eine Gesellschaft im Kleinen, die daher vor denselben Herausforderungen steht wie die Gesellschaft insgesamt, deren Teil Schule ist. Vor diesem Hintergrund sah er Schule und Unterricht immer als den zentralen Ort der Demokratie, und damit war Demokratiebildung für ihn das Wichtigste.

Für Paolo Freire war dieser Gedanke ebenfalls leitend.[136] Nicht umsonst spricht er von »Befreiungspädagogik«, die nicht nur dem Einzelnen dient, sondern insgesamt zum Motor gesellschaftlicher Entwicklung wird. Unterricht muss aus seiner Sicht Menschen befähigen, sich von Unterdrückungen jedweder Art zu lösen und durch kritisches Denken Eigenständigkeit und Selbstsicherheit zu erlangen. Hierfür müssten Schülerinnen und Schüler mehr Mitsprache erhalten. Unterricht müsse ein Dialog sein, kein Monolog, und praktische Tätigkeiten seien unerlässlich, um Wissen in den Lebensalltag zu transferieren.

In diesem Punkt sah Célestin Freinet einen seiner Schwerpunkte, der in seiner Drucktechnik gipfelt:[137] Schülerinnen und Schüler sollen ihre Texte mit handbetriebenen Druckmaschinen vervielfältigen. Dazu müssten sie die Texte setzen oder in eine Platte gravieren, mit Druckerschwärze einfärben und dann auf Papier walzen. Lebensnähe, Projektorientierung, Kooperation, Kreativität, Selbstbestimmung sowie Lernen durch Handeln und Erfahrung, all das sah Célestin Freinet in diesem Unterricht besser umgesetzt als in der Buch-Schule.

Georg Kerschensteiner entwickelte aus dem Gedanken, dass Schülerinnen und Schüler aktiv seien und in diesem Sinn auch arbeiteten, sein Konzept der Arbeitsschule.[138] Seiner Auffassung nach dürfe Unterricht nicht nur theoretisches Wissen vermitteln, sondern die praktische Umsetzung müsse im Vordergrund stehen. Dabei ging es ihm nicht so sehr um eine Nutzbarmachung des Gelernten, sondern um eine Erziehung zur Selbstständigkeit. Denn der Transfer des theoretischen Wissens in die Praxis erfordere von den Schülerinnen und Schülern, durch Handeln und Erfahrung zu lernen, Arbeitsprozesse zu planen und zu reflektieren. Seine Vision ist demnach ein Werkstattunterricht, der in eigens geschaffenen Räumen Möglichkeiten für eine entsprechende praktische Tätigkeit biete.

Versucht man das Gesagte auf den Punkt zu bringen, so sind es folgende Forderungen, die die Reformpädagogik formulierte – und die aus unserer Sicht auch heute noch ihre Berechtigung haben: Unterricht heute muss stärker als bisher die lebensweltlichen Zusammenhänge berücksichtigen. Einer Wissensvermittlung ohne Transfer und ohne praktische Umsetzung fehlt es an Sinnhaftigkeit und damit an Bildungswirksamkeit. Theorie ohne Praxis ist blind – ebenso wie Praxis ohne Theorie. Unterricht heute muss stärker als bisher alle Facetten des Menschen ansprechen und nicht nur die kognitive Dimension. Die emotionalen und motivationalen Momente des Lernens sind ebenso bedeutsam. Unterricht heute muss stärker als bisher den Schülern Möglichkeiten geben, sich mit ihren Interessen und ihren Bedürfnissen einzubringen. Selbstbestimmung lässt sich über kurz oder lang nur lernen, wenn der Mensch Möglichkeiten dazu bekommt. Ein Leben in Fremdbestimmung kann das nicht leisten. Unterricht heute muss stärker als bisher die soziale Dimension des Unterrichts und auch der Schule berücksichtigen. Schule als Gemeinschaft, als *Polis* im Kleinen erfordert auch und gerade im Unterricht, soziales Lernen zu stärken und Demokratie aktiv zu erleben.

Seien wir an dieser Stelle ehrlich: Vieles, was die Reformpädagogik forderte, ist damals wie heute revolutionär. Wer käme denn heute angesichts einer alles vereinnahmenden Digitalisierung auf die Idee, Schülerinnen und Schüler an eine Druckerwalze zu stellen? Computer und Drucker, das seien zeitgemäße Medien, wird oft argumentiert. Wer kritisiert nicht, dass es in der Schule zu wenig Mitbestimmung gibt und eine Friss-oderstirb-Haltung und Bulimie-Lernen dominieren? Für viele Kinder und Jugendliche ist der einzige Grund, etwas zu lernen, dass eine Probe oder ein Test geschrieben wird. Anpassung also auf höchstem Niveau. Wer hat nicht die Erfahrung gemacht, dass vieles, was in der Schule gelernt wurde, rasch wieder vergessen wurde? Lernen für das Leben sieht anders aus. Und wer hatte im Lauf seiner Schulzeit nicht das Gefühl, dass die eigene Lebenswelt in der Schule keine Beachtung gefunden hat? Die heutigen Herausforderungen unserer Gesellschaft, ob Klimawandel, Ukrainekrieg oder Coronapandemie, haben in Schulbüchern und Lehrplänen keinen Platz und werden damit auch nicht im Unterricht aufgegriffen. Gleiches gilt im Übrigen für nahezu alle aktuellen Ereignisse und Entwicklungen, auch wenn sie positiver Art sind, wie Weltmeisterschaften oder Olympische Spiele. Für mehr als eine Girlande im Schulalltag reicht es häufig nicht. Dabei wären all die genannten Beispiele gute Gründe für Lernen schlechthin. Denn sie werden von Menschen als Leib-Seele-Geist-Einheit wahrgenommen, sprechen dadurch Emotionen an, fördern die Motivation und animieren dazu, sich mit diesen Themen kognitiv auseinanderzusetzen.

Nur eine Anekdote an dieser Stelle: Als Queen Elizabeth II. im September 2022 verstarb, war das mediale Interesse groß. Aus pädagogischer Sicht wäre dieses traurige Ereignis ein guter Anlass gewesen, um im Unterricht englische Nachrichten zu lesen und sie mit denen der deutschen Presse zu vergleichen, um die Geschichte Englands anhand von Leben und Tod der verstorbenen Königin zu vertiefen, um die politischen Systeme Großbritanniens und Deutschlands zu vergleichen, um Verständnis für die damalige Euphorie der britischen Öffentlichkeit gegenüber dem englischen Königshaus zu wecken, um im Mathematikunterricht auf Fotos der Trauerbekundungen die Zahl der Menschen zu schätzen, und vieles andere mehr. Ernüchternd war es dann zu erfahren, dass so manche Kinder am Tag des Begräbnisses im Unterricht eine Stunde die Liveübertragung sehen durften. Das war es dann aber auch: keine weiteren Gespräche, kein weiterer Austausch.

Bei aller Leuchtkraft, die auch heute die Reformpädagogik noch hat: Wir müssen eingestehen, dass sie Federn hat lassen müssen. Vieles, was sie forderte, erscheint heute im Lichte empirischer Forschungen als überzogen und damit unrealistisch. Dies trifft auch auf den übertriebenen Stellenwert der Selbstbestimmung zu, worauf bereits in Kapitel 2 im Zusammenhang mit dem Dumm-und-dümmer- beziehungsweise Dunning-Kruger-Effekt hingewiesen wurde.[139]

In der heutigen Debatte um reformpädagogische Veränderungen des Unterrichts werden diese Ergebnisse gern als Verdikt genommen, um jedwede Selbstbestimmung von vornherein auszuschließen: Schülerinnen und Schüler seien gar nicht in der Lage, selbstbestimmt zu lernen. Derweil haben beide Positionen recht und liegen dennoch falsch.

Der Mensch ist in der Lage, sein Leben selbstbestimmt zu führen, und er zeichnet sich gerade auch dadurch aus, dass er selbstbestimmt handelt. Aber Selbstbestimmung als Gabe kommt nicht von sich aus zum Vollzug, sondern sie bedarf der Förderung und ist damit lebenslange Aufgabe. Jürgen Habermas hat das jüngst mit den Worten über die vernünftige Freiheit auf den Punkt gebracht.[140] Der Mensch ist ein freies Wesen, aber ohne seine Vernunft wird er die Freiheit nicht nutzen können. Der Mensch muss also zur Wahrnehmung der Möglichkeiten und Grenzen seiner Freiheit erzogen werden, indem er seine Vernunft entwickelt.[141]

Im Unterricht muss es daher auch nicht um die Frage gehen, ob nun Selbstbestimmung das Leitmotiv ist oder darauf verzichtet wird. Vielmehr steht eine der zentralen Fragen im Zentrum, die bereits Immanuel Kant gestellt hat: »Wie kultiviere ich die Freiheit bei dem Zwange?«[142]

Waren die Antworten der Reformpädagogik, vor allem aus praktischer Sicht, in dieser Hinsicht noch überschwänglich, so sind sie heute differenzierter. Sie lassen die Notwendigkeit des Forderns und Förderns, des Führens und Wachsen-Lassens erkennen. Wolfgang Klafki betont in diesem Kontext, dass Bildung drei Grundfertigkeiten umfasst:[143] Selbstbestimmung, Mitbestimmung und Solidaritätsfähigkeit. Keine davon darf Ausschließlichkeit für sich beanspruchen, sondern es kommt auf das Ausbalancieren dieser drei Grundfertigkeiten an.

Angesichts dieser Debatten hat es die Reformpädagogik bis heute schwer, sich durchzusetzen. Immer wieder wird das Gegenargument vorgebracht, dass die Schülerinnen und Schüler damit überfordert seien. Und dennoch gibt es einen pädagogischen Ansatz, der es schafft, die kontroversen Positionen miteinander zu vereinen. Dabei handelt es sich um ein Konzept, das bereits vor der Reformpädagogik entwickelt wurde und bis heute fester Bestandteil in der universitären Pädagogik ist – offensichtlich ist es noch nicht gelungen, es in die Praxis zu transferieren. Die Rede ist vom erziehenden Unterricht.[144]

Der erziehende Unterricht geht zurück auf Johann Friedrich Herbart, der in seiner *Allgemeinen Pädagogik aus dem Zweck der Erziehung abgeleitet* schreibt: »Und ich gestehe gleich hier, keinen Begriff zu haben von Erziehung ohne Unterricht; so wie ich rückwärts, in dieser Schrift wenigstens, keinen Unterricht anerkenne, der nicht erzieht.«[145] Unterricht dient also nicht nur der Vermittlung von Wissen und Können – und kann sich auch gar nicht darauf beschränken, weil jedes Wissen und Können den Menschen insgesamt berührt. Rechnen beispielsweise ist nicht nur das Wissen und Können im Umgang mit Zahlen, sondern immer auch eine bestimmte Sicht der Welt. Wer Rechnen lernt, verändert seine Sicht und entwickelt seine Persönlichkeit weiter. In gleicher Weise kommt Erziehung als die Veränderung von Verhaltensweisen nicht ohne kognitive Elemente aus. Sie findet nicht im luftleeren Raum statt, sondern ist immer eingebettet in einen Kontext. Ein Schüler, der etwa Gewissenhaftigkeit oder auch Selbstbestimmung erlernt, kann dies nicht ohne Inhalte tun. Er braucht ein Fach, beispielsweise Mathematik.

Immer also greift das eine in das andere. Wolfgang Klafki spricht daher von einer wechselseitigen Erschließung von Mensch und Welt: Der Mensch erschließt sich die Welt und wird gleichzeitig von der Welt erschlossen.[146] Mit anderen Worten: Durch die Auseinandersetzung mit Bildungsinhalten lernt der Mensch nicht nur die Welt kennen, sondern gleichzeitig formt sich auch seine Persönlichkeit in all ihren Facetten. Der Bildungsinhalt wird zum Bildungsgehalt.

Noch ein Beispiel zur Verdeutlichung: Das Erlernen von Subtraktion und Addition ist ein typischer Bildungsinhalt bereits in der Grundschule. Dadurch kommt es aber auch zu einem grundlegenden Verständnis von Zahlen und zu einer mathematischen Sichtweise, die über das bloße Rechnen hinausgehen. Auch kritisches Denken, Gründlichkeit oder Sozialkompetenzen werden geschult, wenn der Unterricht entsprechend gestaltet wird. All das ist umfassender als der bloße Bildungsinhalt und beschreibt den Bildungsgehalt.

Unterricht heute verkennt diese Zusammenhänge und verharrt zu sehr auf den Bildungsinhalten. Die Reflexion über das Gelernte, warum genau dieses Wissen wichtig ist, warum man das können soll und was das Wissen und Können mit einem macht, wäre das entscheidende Mittel, um am Bildungsinhalt den Bildungsgehalt zu entfalten. Leider werden solche Fragen häufig nicht gestellt, und damit fehlt dem Unterricht die Erziehung.

Wir möchten an dieser Stelle einen konkreten Vorschlag machen, wie ein Unterricht aussehen kann, der allen reformpädagogischen Forderungen offen, aber nicht naiv gegenübersteht und mehr Erziehung als bisher ermöglicht: der Epochenunterricht. Auch dieser hat seine Wurzeln in der Reformpädagogik, insbesondere in der Waldorfpädagogik. Wolfgang Klafki hat diesen Gedanken aufgegriffen, und wir wollen ihn zeitgemäß interpretieren.[147]

Epochenunterricht ist als Ergänzung zum herkömmlichen Fachunterricht zu sehen. Er versteht sich als ein Unterricht, in dem über einen längeren Zeitraum an einem größeren Thema aus verschiedenen fachlichen Perspektiven gearbeitet wird. Dabei sollen die einzelnen Fächer nicht geschwächt werden, was viele reflexhaft einwenden, sondern durch Lebensweltnähe vielmehr gestärkt werden. Das Thema des Epochenunterrichtes soll aus der Lebenswelt der Kinder und Jugendlichen kommen, damit sie ein reales Interesse an seiner Bearbeitung haben. Dafür eignen sich besonders epochaltypische Schlüsselprobleme, ein Begriff von Wolfgang Klafki,[148] also Themen, die zu einem bestimmten Zeitpunkt aus gesamtgesellschaftlicher Sicht von Bedeutung sind. Im Epochenunterricht sollen diese Themen dann interdisziplinär bearbeitet und diskutiert werden. Dabei wird man immer auch auf die Grenzen der Einzelfächer zu sprechen kommen, in der Gemeinschaft diskutieren und sich eine eigene Meinung bilden müssen.

Wie kann Epochenunterricht konkret aussehen? Grundsätzlich bietet sich ein Thema an, das nicht explizit im Lehrplan verankert ist und somit häufig durchs Raster fällt. Dies gilt häufig auch für Themen, die gegenwärtig für Diskussionen sorgen und damit ein echtes epochaltypisches Schlüsselproblem darstellen. Nehmen wir als Beispiel eine Frage zum Themenkomplex »Nachhaltigkeit«. Diese soll nun altersgemäß in einer Schulwoche genauer unter die Lupe genommen werden, beispielsweise in der 6. Jahrgangsstufe jeden Tag für zwei Stunden. Um das zu ermöglichen, sind in der Stundentafel mehrere Stunden zu blockieren: zum Beispiel von Mathematik, Deutsch, Erdkunde, Biologie, Religion und Musik jeweils eine Stunde und von Englisch sogar zwei Stunden. Die so gewonnenen acht Stunden können so aufgeteilt werden, dass zu Beginn und am Ende der Woche am Montag und am Freitag in der dritten Stunde Auftakt und Abschluss des Epochenunterrichts stattfinden und die Erarbeitung im Epochenunterricht am Dienstag, Mittwoch und Donnerstag in der dritten und vierten Stunde geschieht.

Im Epochenunterricht wird zunächst am Montag in der Klasse besprochen, welche aktuelle Frage aus dem Themenkomplex »Nachhaltigkeit« ausgewählt und für mindestens eine Woche bearbeitet werden soll. Diese Frage soll einen Lebensweltbezug für die Kinder und Jugendlichen haben. Um hierüber demokratisch abstimmen zu können, sind im Auftakt entsprechende demokratische Verfahren anzuwenden. Soziales Lernen und die Frage nach dem Sinn des Gelernten werden damit zu Kerngedanken des Unterrichts.

Nach der Themenfindung erfolgt dann eine Bearbeitung in den Fächern. Denn eines ist klar: Interdisziplinäres Lernen setzt disziplinäres Denken voraus. Insofern spielen die Fächer, denen auf den ersten Blick eine Stunde genommen worden ist, auf den zweiten Blick eine zentrale Rolle. Dies gilt besonders für unser Beispiel: Nachhaltigkeit umfasst mindestens eine ökologische, eine ökonomische und eine soziale Perspektive und damit ein Wechselspiel aus disziplinärem und interdisziplinärem Denken. An den Erarbeitungstagen folgt beispielsweise eine tiefer gehende disziplinäre Erschließung des Themas. Somit kommen Mathematik, Deutsch, Englisch, Physik, Wirtschaft, Politik usw. auf ihre Kosten, mit einem engen Bezug zur Lebenswelt der Schülerinnen und Schüler.

Abschließend wird das Thema am Freitag interdisziplinär betrachtet. Fächerspezifische Erkenntnisse werden vorgestellt und diskutiert, man verhandelt und wägt ab, bevor schließlich eine Entscheidung auf demokratischem Weg erzielt wird, was mit den neu gewonnenen Erkenntnissen anzufangen ist. In unserem Fall könnte sich die Schule auf den Weg machen, eine Klimaschule zu werden. Erneut spielen also soziales Lernen und die Frage nach dem Sinn eine entscheidende Rolle.

Die Vorteile des Epochenunterrichts liegen auf der Hand: Er sichert einen Lebensweltbezug, schafft Räume für interdisziplinäres Denken, fördert soziales Lernen, setzt demokratische Prinzipien um und gibt Zeit für Diskussionen. Der Epochenunterricht ist ein Instrument, mit dem sich eine Lehrplanreform, wie wir sie verstehen und beschrieben haben, umsetzen lässt – damit würden sich Strukturmaßnahmen bis auf die Ebene der Interaktionen in den Klassenzimmern auswirken. Interdisziplinäres Denken, Handeln und Planen sind grundlegende Bedingungen, um die enormen Herausforderungen der Zukunft in Gemeinschaft demokratisch bewältigen zu können. Der Epochenunterricht bietet unserer Meinung nach hervorragende Chancen, das Potenzial unserer Schulen auszureizen. Er wäre eine Gelegenheit, Schule zukunftsfähig zu machen, die Schülerinnen und Schüler zu einem Handeln ins Offene, noch Unbekannte zu befähigen. Denn das ist es, was uns bereits heute, aber unseren Kindern vor allem in Zukunft bevorsteht. Epochenunterricht schult die Fähigkeiten, die für eine erfolgreiche und freudvolle Zusammenarbeit auf allen Ebenen einer Gesellschaft nötig sind. Wer die damit verbundene Form der Themendurchdringung in der Schule oft geübt und gelernt hat, der wird sie im Leben leichter und sicherer anwenden: Inhalte planen und bearbeiten, Argumente austauschen, Konsequenzen abwägen, Entscheidungen treffen und in relevante Handlungen umsetzen. Und zwar zusammen.

Dabei ist uns wichtig: Es soll und kann nicht nur Epochenunterricht geben. Aber wir sind sicher, er ist nötig für eine zeitgemäße Schule, und wer einmal damit angefangen hat, wird ihn nicht mehr missen wollen.

Kritische Stimmen werden hier einwenden: Aber wie soll man das Ganze denn benoten? In einem Epochenunterricht gibt es kaum Standards, kaum vergleichbare Aufgaben, kaum eindeutig zu definierende Einzelleistungen. Das stimmt, ist aber nicht das Problem des erziehenden Unterrichts, sondern das Problem einer überzogenen Notenkultur.

Weniger Noten, mehr Feedback

Haben oder hatten Sie Kinder in der Grundschule? Dann wissen Sie, was es heißt, Notendruck heute aushalten zu müssen. Nicht umsonst spricht man in Bayern vom »Grundschulabitur«. Nach derzeitigem Stand sind es allein 18 Noten, mit denen ein Kind in der vierten Klasse bewertet wird, damit ein Übertrittszeugnis erstellt werden kann. Der Zeitraum dafür reicht von September bis Ostern und umfasst etwa 25 Schulwochen. Wenn man den Schulanfang und die Wochen unmittelbar nach den Ferien (hier sollen keine Prüfungen geschrieben werden) abzieht, dann steht mindestens eine Prüfung pro Woche an. Für Kinder sicherlich kein leichtes Los.

»Die Sau wird doch vom Messen nicht fetter!«, könnte man einwenden. Und sofort erschallt das Gegenargument: »Ich habe es doch auch machen müssen – und geschafft. Also geht das!« Diese Argumentation ist ein ständiger Begleiter in Bildungsdebatten und auch das Totschlagargument für jede Reform. Doch es ist vom Grundsatz her nicht hilfreich und zudem falsch. Freilich verlangt es den betreffenden Personen viel ab, wenn sie offen und ehrlich das bestehende Bildungssystem kritisieren. Denn man muss unter Umständen seinen eigenen Werdegang, auf den man nachvollziehbarerweise stolz ist, relativieren und eingestehen: Nicht alles war Gold, was da rückblickend so glänzt. Viele sind dazu nicht in der Lage – eine Offenbarung, dass das Bildungssystem kritisches Denken nicht lehrt?

Bei den Noten jedenfalls gibt es Handlungsbedarf. Denn nicht nur haben viele Kinder und Eltern bei dem ganzen Notenstress ein ungutes Gefühl, auch die empirische Forschung mahnt zu Reformen. Denn die Ergebnisse zeigen, dass Noten nicht nur positiv wirken. Vorher soll noch kurz geklärt werden, was Noten eigentlich sind. Dabei bietet es sich an, bei einem Aspekt zu beginnen, der für Lernen unerlässlich ist: Motivation.[149]

Der Mensch muss wissen, warum er etwas lernt und wozu ihm das Gelernte dienlich sein kann, soll sich das Gelernte länger in den Köpfen halten. Grundsätzlich lassen sich zwei Arten von Motivation unterscheiden. Erstens eine sachbezogene (intrinsische) Motivation, die sich auf den Lerngegenstand bezieht. Ein Beispiel hierfür ist die Freude eines Erstklässlers, nun endlich Lesen, Rechnen und Schreiben zu lernen. Zweitens eine sachfremde (extrinsische) Motivation, die sich auf einen Anreiz bezieht, der nicht unmittelbar mit dem Lerngegenstand zu tun hat. Hier kann ein Kind als Beispiel dienen, das für einen Test lernt, weil es im Fall eines guten Abschneidens ein neues Fahrrad bekommt. Beide Arten der Motivation können hervorragende Leistungen hervorbringen. Der Unterschied jedoch, der aus pädagogischer Sicht zu betonen ist, hat mit der Nachhaltigkeit des Lernens zu tun: Während das Gelernte, das sachbezogen (intrinsisch) motiviert erarbeitet worden ist, länger im Gedächtnis bleibt, verflüchtigt sich das Gelernte schneller, wenn es sachfremd (extrinsisch) motiviert ist. Soll Schule der Ort des lebenslangen Lernens sein, so tut man gut daran, sachbezogene (intrinsische) Motivation in den Vordergrund zu rücken.

Noten, das wird aus den genannten Beispielen klar, zählen zunächst zur sachfremden (extrinsischen) Motivation. Sie haben mit dem Lerngegenstand nichts zu tun, sondern sind der Versuch, einer Schülerin oder einem Schüler eine Rückmeldung auf eine Leistung zu geben. Zu diesem Zweck wird die Leistung anhand bestimmter Kriterien gemessen und bewertet, die an allgemeinen Standards, an der Gruppe der Gleichaltrigen oder am individuellen Lernfortschritt orientiert sein können. In der Praxis dominieren die allgemeinen Standards, weil somit eine bessere Vergleichbarkeit möglich ist. Das Ergebnis sind dann die Noten von 1 bis 6 und normalerweise ein Notenschlüssel, der häufig für 50 Prozent oder mehr erreichter Punkte die Note 4 festlegt und nach oben und unten gleichmäßig verteilt die anderen Noten.

Es wäre schön, wenn das wirklich so wäre! Leider zeigt sich in der Praxis aber ein Wildwuchs an Ideen, wie man die Punkte am besten verteilen kann. So gibt es Punkteverteilungen, bei denen das Spektrum der Noten 3 und 4 so weit gedehnt ist, dass der Notendurchschnitt passt, oder Einzelaufgaben, die allein schon einen Notensprung ausmachen. All das ist aus Sicht der Testtheorie unsinnig, weil es nicht gerecht ist.[150]

Natürlich kann aus einer sachfremden (extrinsischen) Motivation eine sachbezogene (intrinsische) Motivation werden. Gute Noten können etwa helfen, dass sich Schüler mehr für das Fach interessieren, in dem sie erfolgreich waren. Und ebenso können sie durch gute Noten angespornt werden, noch mehr zu lernen, um weiterhin gute Noten oder eben noch bessere Noten zu bekommen. Theoretisch ist das möglich. Aber was sagt die empirische Forschung dazu?[151]

Bereits bei den Wirkungen auf die Motivation zeigt sich, dass diese Theorie mehr Wunsch als Wirklichkeit ist. So wirken sich

Noten im Vergleich dazu, keine Rückmeldung zu geben, negativ auf die Motivation aus. Bekommt ein Schüler etwa allzu oft Noten, die die eigenen Erwartungen nicht erfüllen, so nimmt ihm das die Freude am Lernen. Dies ist vor allem dann folgenreich, wenn keine Strategien erworben wurden, mit solchen Rückschlägen umzugehen. Das Selbstkonzept und die Selbstregulation können so durch Noten nachhaltig geschwächt werden und der Schüler befindet sich in einer Teufelsspirale: Sinkende Motivation und fehlendes Zutrauen führen immer weiter zu schlechten Noten. Es bestätigt sich, dass durch Noten die sachfremde (extrinsische) Motivation steigt, wohingegen die sachbezogene (intrinsische) Motivation sinkt – vor allem bei den Kindern und Jugendlichen, die bereits schlechte Leistungen vorweisen. Im Grunde werden damit also genau die Schüler produziert, die nur lernen, wenn sie müssen, aber nicht von sich aus Lernen als Bereicherung erfahren. Diese Zusammenhänge gelten für alle Schularten, für alle Jahrgangsstufen und für alle Fächer.

Betrachtet man im Vergleich dazu die Wirkung von ausführlichen Rückmeldungen, so zeigt sich, dass diese einen positiven Effekt auf die sachbezogene (intrinsische) Motivation haben und die sachfremde (extrinsische) Motivation reduzieren. Sie stärken also die Schüler, fördern das Selbstkonzept und die Selbstregulation. Ein wichtiger Einwurf an dieser Stelle: Nicht jede ausführliche Rückmeldung erreicht diese Wirkung. Handelt es sich um Pauschalaussagen, wie sie in der Praxis gern verwendet werden, verpuffen die positiven Effekte. Vielmehr müssen ausführliche Rückmeldungen an den Lernzielen orientiert sein und detailliert darauf Bezug nehmen. Aus empirischer Sicht ist es also höchste Zeit, sich davon zu verabschieden, dass Noten langfristig förderlich für die Motivation beim Lernen sind.

Wie sieht es mit den Wirkungen auf die Leistung aus? Können Noten hier punkten? Vergleicht man Noten damit, keine

Rückmeldung zu geben, so zeigt sich, dass in der Tat die Leistungen durch Noten verbessert werden. Diese Effekte hängen vom Alter der Schülerinnen und Schüler ab – je jünger sie sind, desto besser wirken Noten – und sind in den Sprachen größer als in Mathematik und den Naturwissenschaften. Auf den ersten Blick also ein Argument für Noten. Vergleicht man diese Effekte aber mit der Wirksamkeit von ausführlichen Rückmeldungen, so verändert sich das Bild. Denn ausführliche Rückmeldungen fördern die Leistung noch stärker – wenn, ja wenn sie an den Lernzielen orientiert sind und anstelle von Pauschalaussagen detaillierte Informationen zur erbrachten Leistung enthalten.

Was also tun? Noten abschaffen und nur noch ausführliche Rückmeldungen geben? Sowohl aus empirischer Sicht als auch aus schultheoretischer Sicht ist diese Frage zu verneinen. Mit Blick auf die Funktionen, die das Schulsystem aus gesamtgesellschaftlicher Sicht hat, wird man nicht völlig auf Noten verzichten können.[152] Denn Schule hat neben dem Bildungs- und Erziehungsauftrag auch die Aufgabe der Auswahl (Selektion) und der Zuweisung (Allokation). Jede moderne Gesellschaft basiert auf Arbeitsteilung. Diese kann mithilfe des Leistungsprinzips gesteuert werden. Noten können demzufolge helfen, Lernende entsprechend definierter Leistungen auszuwählen, ihnen bestimmte Möglichkeiten der Qualifikation zu eröffnen und sie somit gewissen gesellschaftlichen Bereichen und Aufgaben zuzuweisen.

Empirische Forschungen zeigen zudem, dass ausführliche Rückmeldungen und Noten sich nicht in die Quere kommen müssen – wenn das Timing stimmt![153] Gleichzeitig eine ausführliche Rückmeldung und Noten zu geben, scheidet als Verfahren aus, weil Noten erfahrungsgemäß zu dominant sind. Aber wenn ausführliche Rückmeldungen und Noten zeitlich versetzt gegeben werden, dann können vor allem die positiven Effekte von ausführlichen Rückmeldungen auf die sachbezogene (intrinsische)

Motivation erhalten bleiben. Entscheidend ist: Zuerst ausführliche Rückmeldungen, ausreichend Zeit, sich Gedanken darüber zu machen und weiterzuarbeiten, dann erst Noten.

Noten dominieren bisher das Schulsystem und den Unterricht, obschon ihre Auswirkungen auf die Leistungen gering und auf die Motivation problematisch sind. Ausführliche Rückmeldungen, die vor allem an den Lernzielen orientiert sind und detaillierte Hinweise zur erbrachten Leistung enthalten, sind das Mittel der Wahl. Insofern sollte auf Noten überall dort verzichtet werden, wo man sie nicht braucht, und sie sollten daher nur dort gegeben werden, wo sie unabdingbar sind – nicht jedes Kind in der vierten Klasse muss 18 Tests schreiben, um sichtbar zu machen, wo seine Stärken und seine Schwächen sind. Da ausführliche Rückmeldungen heute selten sind, ist es angesichts ihrer Wirksamkeit wünschenswert, mehr davon zu geben. Mehr Feedback also! Damit dieses wirken kann, sind Pauschalaussagen zu vermeiden, stattdessen sollte man auf die Ebenen der Aufgabe, des Prozesses und der Selbstregulation fokussieren.[154] Das bedeutet konkret: Auf der Ebene der Aufgabe ist es wichtig, die Schülerinnen und Schüler darüber zu informieren, was im Test richtig und was falsch war. Auf der Ebene des Prozesses sollte ihnen mitgeteilt werden, was in der Vorbereitung und im Vorfeld geklappt hat und was nicht. Und auf der Ebene der Selbstregulation sollte ihnen vermittelt werden, was die nächsten Schritte sind, damit der nächste Test (noch) besser wird.

Überlegen Sie an dieser Stelle bitte kurz, welche Ebene für Sie die wichtigste wäre – Aufgabe, Prozess oder Selbstregulation? Forschungsergebnisse liefern hierzu eine eindeutige Antwort: Schüler wollen und brauchen vor allem Feedback auf der Ebene der Selbstregulation: Was sind meine nächsten Schritte? Das ist die entscheidende Frage im Lernprozess. Und dann überlegen Sie bitte, welches Feedback in der Schule vor allem gegeben wird.

Korrekt: Feedback auf der Ebene der Aufgabe. Kinder und Jugendliche erfahren sehr häufig, was sie richtig oder falsch gemacht haben. Das entscheidende Feedback aber, was die nächsten Schritte sind, erhalten sie selten. Damit verbindet sich mit der Forderung nach mehr Feedback auch die Forderung, eine wirksame Feedbackkultur an Schulen und im Unterricht zu etablieren. Dazu gehört übrigens auch, dass Lehrkräfte nicht nur Feedback an die Schüler geben. So wichtig dieses Feedback ist – die Umkehrung, nämlich das Feedback der Schüler an die Lehrkraft, ist ebenso wirksam. Denn es sind die Schülerinnen und Schüler, die im Unterricht die Inhalte verstehen, mit den Materialien arbeiten und die Ziele erreichen sollen. Man tut also gut daran, sie in den Unterricht einzubinden und Unterricht als Dialog, nicht als Monolog zu begreifen. Die Forderung ist folglich eindeutig: Weniger Noten, mehr Feedback.

Weniger Anpassung, mehr Kreativität

Was macht eigentlich einen guten Schüler aus? Wenn man diese Frage für sich ehrlich beantwortet, dann geben die Antworten Aufschluss darüber, was von Schülerinnen und Schülern erwartet wird und wie Unterricht im Kern funktioniert. In einer Studie wurde diese Frage Studierenden des Lehramts aller Schularten gestellt.[155] Als Reflexionsgrundlage dienten folgende Gegenüberstellungen:

1. Emotionen unterdrückend vs. Emotionen zeigend
2. Fehler vermeidend vs. Fehler begrüßend
3. anpassend vs. selbstständig
4. ergebnismotiviert (Leistung) vs. prozessmotiviert (Fachinhalte)
5. nebeneinander lernend vs. miteinander lernend

6. Herausforderungen vermeidend vs. Herausforderungen suchend
7. Lernprozesse ausführend vs. Lernprozesse hinterfragend
8. Rückmeldungen erhaltend vs. Rückmeldungen gebend
9. zuhörend vs. mitredend
10. vorgegebenen Lernwegen folgend vs. eigene Lernwege findend

Diese Dichotomien sind Extreme, mit Schülern, die passiv agieren und sich den gegebenen Bedingungen unterordnen, am einen Ende, und Schülern, die aktiv ihren Bildungsprozess in die eigenen Hände nehmen, am anderen Ende.

Das Ergebnis der Befragung war eine deutliche Tendenz in Richtung Passivität und Anpassung: Eine gute Schülerin unterdrückt die eigenen Emotionen, vermeidet Fehler, passt sich an, ist ergebnismotiviert, lernt vorwiegend allein, führt Lernprozesse aus, erhält Rückmeldungen, hört zu und folgt vorgegebenen Lernwegen. Nur beim Punkt »Herausforderung« wird mehrheitlich angegeben, dass man sie suchen und nicht vermeiden soll. Mit dieser Haltung verlassen Schülerinnen und Schüler die Schule – es ist also Anpassung, was sie als Erfolgsgarant verstehen.

Die Diagnose ist vor diesem Hintergrund eindeutig: Im Unterricht von heute wird vor allem Anpassung verlangt. Anpassung ist also die Haltung, von der sich Schülerinnen und Schüler den größten Erfolg im Unterricht versprechen.

Nur am Rand sei bemerkt, dass diese Haltung nicht das widerspiegelt, was Lehrer von Schülern erwarten. In der zitierten Befragung wurden die Lehramtsstudenten und -studentinnen nämlich auch gefragt, welche Erwartungen sie als künftige Lehrkräfte an ihre Schülerinnen und Schüler haben, und es zeigte sich genau das entgegengesetzte Bild: Sie erwarten nämlich von Schülern, dass diese Emotionen zeigen, Fehler begrüßen, selbstständig agieren, prozessorientiert arbeiten, miteinander lernen, Lernprozesse hinterfragen, Rückmeldungen geben, mitreden und eigene Lernwege finden.

Im Hinblick auf das, was Bildung bedeutet, ist die mit Anpassung verbundene Haltung für Schülerinnen und Schüler desaströs. Denn Bildung meint nicht das, was man aus mir gemacht hat, sondern das, was ich aus meinem Leben mache. Der Mensch trägt also Verantwortung für seine Bildung. Ebenso widerspricht diese Haltung nahezu allem, was aus der psychologischen Forschung über erfolgreiches Lernen bekannt ist.

Doch nicht nur um Anpassung geht es, sondern auch um Emotionen. Sie haben nicht nur darauf Einfluss, wie wir leben, sondern auch, wie wir lernen. Studien zeigen, dass die Einstellung zum Fach unmittelbar die Lernleistungen beeinflusst.[156] Je negativer der Blick auf das Fach ist, desto mühsamer gestalten sich Lernprozesse. Vor diesem Hintergrund ist es wichtig, die eigenen Gefühle im Lernprozess nicht zu unterdrücken, sondern sie ernst zu nehmen, um gegebenenfalls darüber reflektieren zu können. Die Frage nach dem Sinn des Gelernten ist auch in diesem Zusammenhang zentral.[157] Wo der Lernende gar nicht weiß, warum er etwas lernen soll, stellen sich auch nur schwer positive Emotionen ein. Jeder Lernerfolg erfordert es zudem, dass er sichtbar gemacht und auch gefeiert wird. Dadurch kommt Freude am Lernen auf und positive Emotionen können sich entfalten.

Darüber hinaus sind Fehler als Motor des Lernens zu sehen.[158] Nichts kann ein Mensch lernen, ohne auch nur einen einzigen Fehler zu machen: weder in Mathematik noch in Deutsch, weder in der Kunst noch in der Musik. Fehler zeigen den Schülern, was sie bereits können und was sie noch nicht können – und damit auch der Lehrkraft, was schon klappt und was noch vertieft, vielleicht sogar nochmals vermittelt werden muss. Dieses konstruktive Verhältnis zum Fehler ist für den Lernerfolg grundlegend. Leider herrscht im Unterricht häufig genau das Gegenteil vor: Schüler haben Angst davor, einen Fehler zu machen, weil eine schlechte Note droht. Dadurch wird nicht nur die produktive Kraft des Fehlers verhindert, sondern auch eine Einstellung zum Lernen produziert, die Frustration anstelle von Selbstvertrauen erzeugt. Wünschenswert wäre letztlich sogar, dass Fehler mit Freude begangen und entsprechend thematisiert werden. Fehler zeigen auf, wo die Herausforderung liegt, und helfen damit Unterforderung ebenso zu vermeiden wie Überforderung. Wenn die Aufgaben im Unterricht immer zu schwer sind und nur Fehler passieren, dann ist dies ebenso wenig lernförderlich, wie wenn die Aufgaben im Unterricht immer zu leicht sind und gar keine Fehler vorkommen. Insofern ist es die Herausforderung, die zu suchen ist, und das heißt: Die Wahrscheinlichkeit eines Fehlers ist nicht zu groß, aber auch nicht zu klein, und wenn er passiert, dann wissen Schüler und Lehrer, wie sie gemeinsam weiterarbeiten können.

Selbstständigkeit ist etwas, was der Mensch lernen muss, denn ohne Selbstständigkeit ist lebenslanges Lernen nicht realisierbar. Schritt für Schritt ist den Schülern ihre Freiheit zu geben, damit sie von einer bloßen Freiheit zu einer vernünftigen Freiheit gelangen. Je mehr Kompetenzen sie erworben haben, desto mehr Freiheit eröffnet sich ihnen. Dieser Zusammenhang ist übrigens nicht abhängig vom Alter der Schülerinnen und Schüler: Wie oft sind Erwachsene selbst noch im höheren Alter total überfordert, wenn sie auf sich allein gestellt sind, während viele Kinder in den Bereichen, für die sie sich interessieren und in denen sie viele Erfahrungen gesammelt haben, sehr umsichtig und eigenverantwortlich agieren! Dass auf dem Weg zur Selbstständigkeit und zur vernünftigen Freiheit eine Reihe von Kompetenzen notwendig sind, steht außer Frage. Empirische Studien zeigen,[159] dass

Lernstrategien wie Üben und Wiederholen, Texte zusammenfassen, Wesentliches unterstreichen, Auswendiglernen, Lernorganisation, Reflexion und Evaluation allesamt eine besonders hohe Wirksamkeit in Bezug auf den Lernerfolg haben. Allen Lernstrategien ist dabei eines gemein: Sie erfordern Aktivität, nicht Passivität. Mit anderen Worten: Wer Lernstrategien fördern möchte, der kommt nicht umhin, den Schülern Zeiten und Räume zu geben, sich diese anzueignen. Auch das wird nicht ohne Fehler geschehen, sondern erfordert einmal mehr eine konstruktive Fehlerkultur. Wir brauchen also im Unterricht viel mehr Elemente, die Lernenden eine aktive Rolle zuteilwerden lassen. Lerntagebücher sind hierfür ein Beispiel.

Und schließlich ist im Unterricht endlich anzuerkennen, dass Lernen nicht nur Sache des Einzelnen ist, sondern vor allem auch als sozialer Prozess verstanden werden muss.[160] Ihre Freunde sind nicht nur der Grund, warum Schüler in die Schule gehen. Es sind auch die Gleichaltrigen, die den größten Effekt auf die Lernleistung haben. Denn kooperatives Lernen ist wirksamer als individuelles Lernen. Die Kraft der Klassenkameraden zeigt sich dort, wo Kinder und Jugendliche über ihre Lernwege ins Gespräch kommen, wo sie sich über ihre Fehler austauschen, wo sie sich gegenseitig etwas erklären und damit das bereits Gelernte für sich nochmals ganz anders erschließen, wo sie gemeinsam scheitern, aber auch Erfolge feiern. Natürlich kann der Mensch viel allein lernen. Gerade heute, wo Digitalisierung auf dem Vormarsch ist und der Glaube allgegenwärtig, dass der Mensch zu jeder Zeit und an jedem Ort lernen kann. So richtig das auch ist, besser lernt der Mensch aber immer noch in der Gemeinschaft. Der Mensch ist ein soziales Wesen, das den Austausch und die Interaktion braucht, weil er eben nicht nur eine kognitive Dimension hat, sondern auch eine emotionale, motivationale und soziale. Allein vor dem Rechner wird Lernen nicht zu

Bildung und damit zu etwas, was den Menschen als Menschen berührt und in seiner Persönlichkeit umfassend und nachhaltig verändert.

Unterricht heute braucht also einen Perspektivwechsel. So wichtig Anpassung im sozialen Kontext ist, sie darf nicht zur einzigen Zielperspektive werden. Aktivität in Form von Eigenverantwortung und Selbstständigkeit ist das Leitmotiv von Bildung – und mit Blick auf die Herausforderungen unserer Zeit sogar enorm wichtig. Denn die Herausforderungen unserer Zeit erfordern kritisches Denken, Kreativität, Kollaboration und Kommunikation. Diese Begriffe verwendet die OECD, um die sogenannten *21st Century Skills* zu begründen, also jene Kompetenzen, die heute und vor allem in Zukunft für ein erfülltes Leben wichtig sind.[161]

Nun ist die OECD nicht unbedingt bekannt dafür, dass sie sich aus hehren pädagogischen Motiven heraus mit Bildungsfragen beschäftigt. Als Organisation für wirtschaftliche Zusammenarbeit und Entwicklung folgt sie einer ökonomisch bestimmten Agenda, in der der Mensch – konträr zu unserer Vorstellung von Bildung – allenfalls als »Humankapital« gesehen wird.

Aus diesem Grund wollen wir die *21st Century Skills* hier nicht weiter ausführen, sondern sie in einen pädagogischen Kontext stellen. Hierfür bietet sich ein Ansatz an, der auf Howard Gardner zurückgeht. Ausgehend von einer Analyse der heutigen und zukünftigen Lebenswelt hat er fünf essenzielle Bildungsdimensionen abgeleitet. Im Englischen spricht er von »5 Minds for the Future«:[162]

1. »Disciplined Mind«: Menschen heute und in Zukunft benötigen mehr als nur Fachwissen. Der pädagogische Kerngedanke eines Schulfaches ist nicht das Detailwissen, sondern die Denkweise, das Orientierungswissen, der Beitrag zum

Selbst- und Weltverständnis. Eine Engführung auf das Memorieren von vordergründigem Faktenwissen verspielt die Möglichkeiten eines Faches ebenso wie menschliche Potenziale und lässt Lernen bedeutungslos werden.

2. »Synthesizing Mind«: Menschen heute und in Zukunft müssen in der Lage sein, aus der Vielzahl an Informationen das Wichtigste herauszufiltern, kritisch zu reflektieren und miteinander zu verbinden. Ein strikt nur auf das jeweilige Fach und dessen Denkweise bezogener Fachunterricht führt zu einer Segmentierung von Wissen und verhindert inter- und transdisziplinäres Denken. Letzteres ist allerdings für das Leben in einer humanen Weltgesellschaft wesentlich.
3. »Creating Mind«: Menschen heute und in Zukunft müssen kreativ sein, wenn sie Nichtvorhersagbares bewältigen und im Wettbewerb bestehen wollen. Sie müssen Perspektiven verbinden und in vielfältig zusammengesetzten Teams arbeiten können. Expertentum im Sinn einer isolierten fachlichen Spezialisierung verliert immer mehr an Bedeutung und ist nicht mehr zeitgemäß.
4. »Respectful Mind«: Menschen heute und in Zukunft müssen Respekt gegenüber der Vielfalt haben. Kein Mensch weiß alles, und kein Mensch hat immer recht. Anerkennung von Vielfalt und Urteilskraft sind die Basis für Demokratie und Humanität.
5. »Ethical Mind«: Menschen heute und in Zukunft brauchen ein ethisches Bewusstsein – und zwar in allen Bereichen des Lebens, in religiösen, in kulturellen und in politischen Fragen. In allen Lebenslagen sind nicht nur Wissen und Können gefragt, sondern auch Wollen und Werten. Die ethische Dimension des Lebens ist im Großen und im Kleinen gefordert.

Im Unterricht wird diesen Bildungsdimensionen bisher nicht wirklich Rechnung getragen. Ken Robinson geht sogar noch einen Schritt weiter mit seiner Kritik, wenn er, wie bereits zu Beginn dieses Buches erwähnt, feststellt, dass Schule sogar die Kreativität tötet.[163] Als Gründe für diesen negativen Befund nennt er eine falsch verstandene Standardisierung, die die Individualität der Menschen verkennt. Zudem dominiere ein Verständnis von Fehlern, das nicht dem menschlichen Lernen entspreche. Und schließlich kritisiert er eine daraus folgende Oberflächlichkeit, die den menschlichen Möglichkeiten nicht gerecht wird: Durch zu viel sinnloses Detailwissen verlieren Schülerinnen und Schüler die Lust am Lernen und damit auch die Freude an der Schule.

Die Folge ist für Ken Robinson eine »pädagogische Klimakrise«: Kinder und Jugendliche werden in einem System groß, das ihnen nicht gerecht wird und sie nicht versteht. Diese pädagogische Klimakrise ist noch schwerwiegender als die ökologische Klimakrise. Denn ohne ein Klima in den Bildungseinrichtungen, das Kinder und Jugendliche achtet und ihnen sowohl Zeit als auch Raum für die Entfaltung im umfassenden Sinn lässt, können sie sich nicht umfassend bilden. Es ist also höchste Zeit: Unterricht – anders!

ELTERN – ANDERS!

Die Unzufriedenheit der Eltern mit dem Schulsystem ist eklatant, wie mehrere Umfragen im Jahr 2023 offenlegten, unter anderem von der Körber-Stiftung und dem ifo Institut.[164] Nun könnte man diese Erhebungen als typisches Murren abtun – Eltern und Schule, das ist ja auch ein schwieriges Thema. Aber hinter diesen Zahlen verbirgt sich ein Trend, der durchaus neu ist. So berichtete das Magazin *Focus* im selben Jahr,[165] dass die Zufriedenheit der Eltern im Vergleich zu den vorherigen Jahren auf einem Tiefstand sei. Aktuell bewerten nur noch knapp 30 Prozent aller befragten Eltern das Schulsystem als gut oder sehr gut, der Rest winkt ab, und acht Prozent gaben ihren Schulen sogar eine glatte Sechs. Noch vor zwanzig Jahren war das Bild ein anderes.

Es mag an dieser Stelle nicht überraschen, dass auch Lehrkräfte die Zusammenarbeit mit Eltern zusehends als schwieriger wahrnehmen.[166] So gibt es Eltern, die nicht zu erreichen sind und auch kein Interesse an der Schule haben, und ebenso Eltern, die immerzu mitreden, alles hinterfragen und schon auch einmal mit juristischem Beistand in der Schule aufkreuzen, wenn der Sprössling nicht die Note bekommt, die er aus Elternsicht verdient hätte. Von U-Boot-Eltern bis Helikopter-Eltern, wie sie flapsig genannt werden, ist alles dabei.

Offensichtlich klappt die Zusammenarbeit an der Nahtstelle zwischen Elternhaus und Schulsystem nicht mehr richtig, sodass zu fragen ist: Was läuft schief und was muss besser werden?

Weniger Neben- und Gegeneinander, mehr Miteinander

Wir leben heute in einer Zeit, in der alle gesellschaftlichen Probleme auch schnell in die Schule transferiert werden. Schule müsse hier gegensteuern, da einen Beitrag leisten, dort Abhilfe schaffen und dergleichen. Schule als Retter in der Not!? So nachvollziehbar dieser Gedanke ist: Nicht alles ist Aufgabe von Schule, und nicht alles sollte von der Schule übernommen werden. Zwei Gründe sind zu nennen: Erstens sind Bildungsziele immer von derjenigen Institution zu übernehmen, die am besten für die Umsetzung geeignet ist. Zweitens kommt ein System, das mit immer mehr Aufgaben betraut wird, früher oder später in die Überlast und scheitert, weil alle Beteiligten nicht mehr leisten können, was eigentlich ihr Kerngeschäft ist.

Die Vermittlung von Alltagskompetenzen ist so ein Beispiel: Kinder sollen heute in der Schule auch lernen, wie sie auf die Toilette gehen, wie sie Schuhe binden, wie man sich am Tisch benimmt, wie ein Nagel in die Wand geschlagen wird, wie man mit Smartphones umgeht und dergleichen. Es ist ernüchternd genug, wenn über all das öffentlich diskutiert wird, um dann zu fordern, dass die Schule es übernehmen muss. Die Folge ist dann nicht selten, dass sich Eltern zurückziehen und die Verantwortung für solche Bildungsziele an Schulen delegieren. Dies schadet nicht nur dem Einfluss der Schulen, sondern auch demjenigen der Elternhäuser, der sogar auf einer verfassungsrechtlichen Verpflichtung gründet.

Im Artikel 6, Absatz 2 des Grundgesetzes heißt es: »Pflege und Erziehung der Kinder sind das natürliche Recht der Eltern und die zuvörderst ihnen obliegende Pflicht.« Recht und Pflicht werden hier genannt. Vor diesem Hintergrund ist es verkehrt, wenn Schulen alle erzieherischen Aufgaben übernehmen und diese für die Eltern erledigen. Denn dadurch wird den Eltern einerseits das Recht genommen, sich einzubringen, und andererseits auch die Pflicht, sich einbringen zu müssen. Dies bedeutet, dass die Nahtstelle zwischen Schule und Elternhaus essenziell ist und die Schule der Zukunft sich mehr Gedanken darüber machen muss, wie sie Eltern erreicht und in die Erziehungsarbeit integriert. Gefordert ist also weniger Neben- oder Gegeneinander, sondern mehr Miteinander.

Auch empirisch wird dieser Aufruf gestützt. Studien zeigen, dass Schulerfolg auf einer guten Kooperation zwischen Elternhaus und Schule basiert.[167] Wird hier in unterschiedliche Richtungen gearbeitet, verlieren beide Institutionen an Einfluss. Was sind Bausteine einer erfolgreichen Elternarbeit?

Für Eltern ist es häufig bereits hilfreich, wenn sie aufgezeigt bekommen, was sie falsch machen, und gleichzeitig auch das, was sie tun können, um positiv Einfluss zu nehmen. Vielfach ist Eltern gar nicht bewusst, was sie falsch machen. In Elterngesprächen oder auf Elternabenden kann vonseiten der Schulen Unterstützung gegeben werden, wenn bestimmte Themen aufgegriffen werden. So kann beispielsweise ein Elternabend zum Lesen, zum Umgang mit digitalen Medien oder ganz allgemein zur Gesprächsführung hilfreich sein. Ebenso ist es aus schulischer Sicht ratsam, Eltern bei der Aufbereitung von Unterrichtsinhalten und der Umsetzung von Projekten mit ins Boot zu holen, wenn diese über Fachwissen verfügen.

Außer an Elterngespräche oder Elternabende ist an Elterncafés zu denken, in denen Eltern andere Familien und Lehrerinnen und Lehrer kennenlernen können, Barrieren der Kontaktaufnahme abgebaut und Impulse gesetzt werden können, um den Eltern ihre Rolle im Bildungsprozess bewusst zu machen. Dazu gehören so einfache Sachen, wie täglich bei den Kindern nachzufragen, wie es ihnen geht, Interesse für die Schule zu zeigen, einen regelmäßigen Blick in die Hefte zu werfen und Kinder zu unterstützen, wenn sie Sorgen haben. Leider zeigt sich, dass diese Prinzipien erfolgreicher Elternarbeit in bildungsfernen Milieus nicht gang und gäbe sind.

Und leider gibt es auch das Phänomen, dass die Eltern, die am nötigsten in die Schule kommen sollten, am seltensten oder sogar gar nicht vorbeischauen. Wie so oft gibt es dann zwei Möglichkeiten für Lehrkräfte: das Fehlen hinnehmen oder andere Wege suchen. Nur Letzteres führt zu Veränderungen. Deswegen ist es nötig, dass Lehrerinnen und Lehrer proaktiv Elternarbeit gestalten. Von ihnen müssen die Impulse und die Kontaktanbahnung ausgehen, wenn Bildungsgerechtigkeit erreicht werden soll. Schule kann über Elternarbeit auch Familien verändern.

Unterm Strich braucht es starke Erziehungskoalitionen zwischen Schule und Elternhaus. Vertrauen ist hier das Zauberwort: Eltern müssen Lehrern vertrauen können und Lehrer müssen Eltern vertrauen können. Erst auf dieser Basis werden beide Systeme den größtmöglichen Einfluss auf die Kinder ausüben können und Bildungshilfe leisten, an deren Ende der eigenverantwortliche Mensch steht.

Weniger Überbehütung oder Verwahrlosung, mehr Besonnenheit

In der Erziehung zu viel oder zu wenig zu machen oder zu viel oder zu wenig zu wollen ist schon immer eine Gratwanderung. Auf der einen Seite gibt es Eltern, die sich bei der Erziehung völlig herausnehmen und ihre Kinder sich selbst überlassen, in der Hoffnung, dass diese sich schon selbst helfen können. Auf der anderen Seite stehen Eltern, die in der Erziehung alles für ihre Kinder tun und übernehmen. Beides hat negative Wirkungen auf

Bildungsprozesse. Während das zuerst genannte Extrem zu einer Überforderung führt, ist bei Letzterem Unterforderung die Folge. Den Sprösslingen werden in jedem Fall wichtige Lernerfahrungen genommen.

In der Erziehungswissenschaft unterscheidet man zur Klärung dieser Erziehungsvorstellungen zwei Aspekte voneinander:[168] Wärme und Anregung. In einer Kombination dieser Aspekte lassen sich vier Erziehungsstile unterscheiden, die für Bildungsprozesse Folgen haben:

Erstens: ein Laissez-faire-Stil. Dieser zeichnet sich dadurch aus, dass zwischen Kindern und Eltern ein sehr positives Verhältnis besteht und dieses durch Zuneigung und Wärme bestimmt ist. Aber es werden keine Anregungen gegeben und damit keine Herausforderungen gesetzt. Laissez-faire-Eltern sind wenig kontrollierend und neigen dazu, ihren Kindern große Freiheiten zu lassen. Es mangelt oft an klaren Regeln und Strukturen. Solche Eltern sind eher passiv und zurückhaltend. Kinder aus Laissez-faire-Familien können Schwierigkeiten haben, sich selbst zu regulieren und Verantwortung zu übernehmen. Die Mutter, die ihren Kindern erlaubt, ebenso lange wach zu sein wie sie, ohne klare Regeln und Grenzen, ist ein Beispiel für eine solche Familie.

Zweitens: ein autoritärer Stil. Dieser zeichnet sich durch ein hohes Maß an Anregung und ein geringes Maß an Wärme aus. Eltern in solchen Familien fordern und fördern ausgiebig, aber zeigen sich in der Interaktion distanziert. Autoritäre Eltern legen großen Wert auf Disziplin und Gehorsam. Sie setzen klare Regeln, zeigen jedoch wenig Flexibilität und Akzeptanz für die Meinungen ihrer Kinder. Strafen sind häufig und werden kaum erklärt. Kinder, die autoritär erzogen werden, können zwar gehorsam sein, neigen aber möglicherweise auch dazu, unsicher oder ängstlich zu sein. Der Vater am Spielfeldrand, der antreibt und sogar laut wird, ohne aber Nähe zuzulassen, ist ein Beispiel hierfür.

Drittens: ein permissiver Stil. Eltern kümmern sich hier nicht um ihre Kinder. Weder werden Anreize oder Herausforderungen gesetzt, noch kommt es zu einem zwischenmenschlichen Austausch. Kindern wird nichts vorgelesen und sie werden nicht ins Bett gebracht. Sie sind von Anfang an auf sich allein gestellt, kognitiv und emotional. Permissive Eltern sind nachsichtig und akzeptieren das Verhalten ihrer Kinder, setzen keine Grenzen und Regeln. Nicht selten haben sie nur geringe Erwartungen an ihre Kinder. Diese können Schwierigkeiten haben, Regeln zu akzeptieren und sich in sozialen Situationen angemessen zu verhalten.

Und viertens: ein autoritativer Stil. Hier ermöglichen Eltern Vertrauen und Wärme im Umgang mit den Kindern und fördern diese gleichzeitig, ohne Über- oder Unterforderung. Autoritative Eltern sind unterstützend und einfühlsam, setzen jedoch klare und stimmige Regeln und formulieren Erwartungen. Sie fördern die Selbstständigkeit ihrer Kinder und ermutigen zum Austausch und zur Kommunikation. Kinder, die autoritativ erzogen werden, können gute Selbstregulationsfähigkeiten entwickeln.

Diese Erziehungsstile sind idealtypisch, in der Praxis ist die Erziehung oft eine Mischung verschiedener Merkmale. Nichtsdestotrotz wird der autoritative Erziehungsstil als am günstigsten für die positive Entwicklung von Kindern angesehen.

Nun gibt es aber auch Eltern, die zwar möchten, aber nicht können – weil sie arbeiten müssen oder selbst keine Ideen haben. Was dann passiert, haben Betty Hart und Todd R. Risley in ihrer bekannten Studie »The Early Catastrophe – The 30 Million Words Gap by Age 3« herausgearbeitet:[169]

Über zwei Jahre hinweg besuchten Hart und Risley 42 Familien, um zu Hause die Interaktionen zwischen Kindern und ihren Eltern zu erforschen. Hierfür wurden die Familien einmal im Monat für eine Stunde begleitet und die Geschehnisse zu Hause beobachtet, aufgezeichnet und analysiert – in Summe mehr als 1300 Stunden Datenmaterial. Die Kinder waren zu Beginn der Studie zwischen sieben und neun Monate alt und am Ende drei Jahre. Um differenzierte Ergebnisse im Hinblick auf den sozioökonomischen Status der Elternhäuser zu erhalten, wurden diese – in Klammern die entsprechende Anzahl an Familien aus der Studie – in ein oberes (13), ein mittleres (10) und ein unteres Segment (13) sowie in Sozialhilfeempfänger (6) eingeteilt. Die Erkenntnisse der Studie sind bemerkenswert.

Pointiert formuliert, resümieren Hart und Risley, dass Kinder im Alter von drei Jahren bereits ihre Eltern kopieren – beim Reden, beim Gehen, beim Spielen und sogar beim »Erziehen« einer Puppe. Im Detail kommen sie zu dem Ergebnis, dass es in den untersuchten Familien einen dramatischen Unterschied im Hinblick auf Interaktion und Dialog gibt und dies abhängig vom sozioökonomischen Status ist.

So unterscheiden sich Kinder im Alter von drei Jahren im Hinblick auf ihren Wortschatz deutlich: Kinder aus einem bildungsnahen Milieu verfügen über einen fast drei Mal so großen Wortschatz wie Kinder aus einem bildungsfernen Milieu. Dieser Unterschied schwindet in den darauffolgenden Schuljahren nicht. Leider kommt es nicht zum sogenannten Wash-out-Effekt, wonach Schule und Unterricht zu einer Kompensation führen würden. Ganz im Gegenteil: Die Unterschiede bleiben nicht nur bestehen, sie nehmen sogar weiter zu.

Als einen Grund für diese Unterschiede in den sprachlichen Fähigkeiten identifizieren Hart und Risley das häusliche Anregungsniveau im Hinblick auf die sprachliche Auseinandersetzung mit den Kindern. Durch ihre Beobachtungen kommen sie zu folgendem quantitativen Ergebnis: Kinder aus bildungsnahen Milieus hören bis zum Alter von drei Jahren ungefähr 45 Millionen Wörter, wohingegen Kinder aus bildungsfernen Milieus gerade mal 15 Millionen Wörter wahrnehmen. Das ergibt den namensgebenden »30 Million Words Gap«.

Nun sagen Quantitäten wenig über Qualitäten aus. Daher haben Hart und Risley ebenfalls untersucht, wie etwa das Verhältnis zwischen sprachlicher Ermutigung und sprachlicher Entmutigung aussieht. Auch hier ein eindeutiges Ergebnis: Kinder aus bildungsnahen Milieus erhalten bis zu sieben Mal häufiger eine Ermutigung als eine Entmutigung, während Kinder aus bildungsfernen Milieus gut doppelt so oft eine Entmutigung wie eine Ermutigung hören. Damit liegen die Karten auf dem Tisch.

Am Pygmalion-Effekt wird das Gesagte besonders sichtbar.[170] Dieser wurde in den 1960er-Jahren von den US-amerikanischen Psychologen Robert Rosenthal und Lenore Jacobson zum ersten Mal benannt. In ihrem Experiment sagten Lehrer zufällig ausgewählten Schülern voraus, dass diese aufgrund eines IQ-Tests im Vergleich zu anderen Schülern besonders begabt seien, obwohl sie keine tatsächlich höhere Intelligenz aufwiesen. Am Ende des Schuljahres zeigten die betreffenden Schülerinnen und Schüler jedoch tatsächlich größere Fortschritte in ihrer Intelligenzentwicklung, was darauf hinweist, dass positive Erwartungen von Lehrkräften einen Einfluss auf Verhalten und Leistung von Schülern hatten.

Der Pygmalion-Effekt zeigt, dass die Erwartungen, die Menschen gegenüber anderen haben, deren Verhalten und Leistung beeinflussen können, oft aufgrund von unbewussten Signalen oder Verhaltensweisen. Dieses Konzept ist in verschiedenen Kontexten relevant, allen voran in der Familie.

Die Schlussfolgerung von Betty Hart und Todd R. Risley ist eindeutig: Bis zum Alter von drei Jahren werden im Hinblick auf Bildung Weichen gestellt, die später kaum noch wettzumachen sind, und wenn, dann nur mit ungeheuer großem Aufwand. Die einzige Lösung sehen sie folgerichtig in der Stärkung von Familien und in der Kooperation mit Bildungseinrichtungen. Eltern sollten also so früh wie möglich und so intensiv wie möglich mit den eigenen Kindern reden. Dabei ist Zuhören oft wichtiger als Reden. Denn nur so erfährt man, was Kinder wirklich denken und fühlen, und kommt mit ihnen über ihre Welt ins Gespräch. Gute Gespräche – dies gilt auch für Erwachsene – bringen das Gegenüber zum Nachdenken. Kinder sollten dazu gebracht werden, ihre Meinung zu äußern, zu begründen, zu verteidigen und zu erläutern. Befehle wie »Setz dich hin!«, »Sei ruhig!« oder »Wasch dich!« sollten auf ein Minimum reduziert werden. Befehle sind das Gegenteil von Gespräch. Nicht selten erlebt man Eltern, die innerhalb kürzester Zeit Dutzende von Anordnungen erlassen (hochgerechnet 200 bis 300 pro Tag) und sich kaum Zeit nehmen, die Antworten ihrer Kinder abzuwarten. Kluge Kinder werten derartige Ermahnungskaskaden als soziales Hintergrundgeräusch, das man getrost überhören kann.

In der empirischen Bildungsforschung gibt es hierzu noch ein weiteres eindeutiges Ergebnis: Die Zahl der Bücher zu Hause steht in einem direkten Zusammenhang mit der schulischen Leistung, insbesondere der Lesekompetenz.[171] Dazu muss man aber wissen, dass es nicht eigentlich die Anzahl der Bücher ist, die hier ausschlaggebend ist, sondern die elterliche Interaktion mit den Kindern: vorlesen und vorlesen lassen, nachfragen, diskutieren und viele weitere Gesprächsanlässe. Wenn Eltern die Verantwortung übernehmen, die die Erziehung ihrer Kinder ihnen ohne Zweifel abverlangt, dann maximieren sie ihren Einfluss.

Wer hätte das gedacht? Eigentlich doch jede und jeder. Wir Menschen sind der Sprache mächtig, sie macht uns mächtig. Mit Sprache können wir uns so detailreich ausdrücken wie kein anderes Lebewesen auf dem Planeten. Sprache ist das Instrument zur Durchdringung der Welt. Verständnis und Orientierung, Mut und Vertrauen in die eigenen Fähigkeiten können nur entstehen, wenn man miteinander redet. Wie soll das Selbst des Kindes denn werden, wenn es nicht freundlich und großzügig angeleitet wird? Wie soll sich ein Kind entwickeln, wenn sich diejenigen, die für es verantwortlich sind, ihrer Aufgabe entziehen? Sprache ist eines der wichtigsten Instrumente bei der Menschwerdung, vielleicht das wichtigste schlechthin, im Allgemeinen und in jedem Einzelfall. Man darf nicht vergessen, wie groß der Unterschied zwischen einem gesprochenen Wort und einem nur gedachten Wort ist. »Nicht geschimpft ist genug gelobt« ist genauso falsch wie »Der lernt das schon von allein«. Eigentlich befremdlich, dass die Bildungsforschung Eltern auf diese elementaren Zusammenhänge hinweisen muss.

Weniger Konsum, mehr Eigeninitiative

Wer heute in Kinderzimmer blickt, wird mit Sicherheit eine andere Situation vorfinden als zu seiner eigenen Kindheit. An Spielzeug mangelt es heute im Vergleich zu früher wirklich nicht. Während Kinder nach dem Zweiten Weltkrieg meist wenig Spielsachen hatten, regiert zu Beginn des 21. Jahrhunderts der Überfluss. Spielfiguren aller bekannten Marken, ferngesteuerte Autos, Geschicklichkeitsspiele und – mittlerweile das Wichtigste – ein Smartphone liegen mehr oder weniger wohlsortiert herum und bringen das Fassungsvermögen des Kinderzimmers an seine Grenzen. Die Möglichkeiten, sich zu beschäftigen, waren noch nie so vielfältig wie heute.

Was zunächst positiv klingt, erscheint auf den zweiten Blick problematisch. Denn viele der Spielsachen, die Kinder heute haben, erlauben wenig Kreativität und schränken den Ideenreichtum ein. Ein ferngesteuertes Auto lässt sich halt nur in bestimmte Richtungen lenken. Viele Spielsachen beschäftigen den Menschen – nicht umgekehrt. Sie tragen einen Plan in sich, dem zu folgen ist, und so spielen sie mit den Menschen. Nicht der Mensch ist es, der spielt.

So kritisch wird diese Situation allerdings nicht immer betrachtet. Manche sehen in der Vielfalt an Spielsachen neue Wege der Erziehung und sprechen daher lieber von »Edutainment« – also die Verschmelzung von Education (Erziehung) und Entertainment (Unterhaltung). Ein solches Erziehungsverständnis findet sich in vielen Elternhäusern, werden auf den ersten Blick doch alle Möglichkeiten genutzt, die ein modernes und fortschrittliches Leben mit sich bringt. Aber ist das wirklich so?

Neil Postman, seines Zeichens US-amerikanischer Kulturwissenschaftler und weltweit bekannt als Medienkritiker, hat die Verschmelzung aus Erziehung und Unterhaltung näher unter die Lupe genommen.[172] Dabei kommt er zu dem Schluss, dass eine solche Synthese schlicht und ergreifend nicht möglich und damit unsinnig ist, auch wenn sie sich noch so schön anhört. Im Wesentlichen sind es drei Aspekte, die er ins Feld führt:

Erstens ist Unterhaltung voraussetzungslos. Sie lässt sich ohne Vorbereitung konsumieren. Wer etwa den Fernsehapparat einschaltet oder im Internet seine Lieblingsseiten durchsucht, der muss sich nicht kognitiv aktivieren, keine Vokabeln wiederholen, keine Hausaufgaben machen und auch den Arbeitsplatz nicht vorbereiten. Es reicht in der Regel aus, sich hinzusetzen und sich unterhalten zu lassen. Ganz anders ist es aber in der Erziehung. Denn hier gibt es Voraussetzungen, die in der Familie sowohl von den Eltern als auch von den Kindern zu berücksichtigen sind. So machen sich Eltern viele Gedanken darüber, wie, wann und wo sie ihren Kindern welche Fähigkeiten beibringen. Dafür müssen die Kinder bestimmte Voraussetzungen erfüllen, weil sonst die erzieherischen Maßnahmen der Eltern nicht wirken können.

Zweitens kennt Unterhaltung keine Arbeitsanstrengung. Zwar kann auch sie anstrengend und erschöpfend sein, aber dies basiert immer darauf, dass die Unterhaltung selbst das Ziel ist. Der Mensch sieht in der Regel fern um des Fernsehens willen, er spielt Karten um des Kartenspiels willen usw. Beim Lernen und auch in der Erziehung geht es häufig um ein Ziel, das außerhalb der Tätigkeit selbst liegt und daher einen Arbeitscharakter hat. Das Decken des Tisches verfolgt das Ziel, dass man später gemeinsam essen kann, Schwungübungen im Schriftspracherwerb dienen der Vorbereitung des Schreiblernprozesses, und das Automatisieren des Einmaleins soll im späteren Leben helfen, auch mit dem Kopf sicher rechnen zu können, vor allem wenn es schnell gehen muss und kein Taschenrechner zur Hand ist.

Und drittens ist Unterhaltung unverbindlich. Sie verpflichtet zu nichts und kann daher jederzeit beendet werden. Der Mensch kann den Fernseher abschalten, das Smartphone zur Seite legen und das Kartenspiel in die Schachtel packen. Bei der Erziehung ist es anders: Sie lässt sich nicht so einfach beenden und hat damit einen verbindlichen Charakter. Man kann vor der Erziehung nicht davonlaufen, sondern muss sie immer und immer wieder annehmen.

Eine Dauerbespaßung der Kinder ist daher kontraproduktiv. Dies zeigt sich in Momenten der Langeweile besonders deutlich: Kommt sie auf und merken die Kinder, dass etwas nicht stimmt, ist die Rettung vielfach nah. Kaum haben Kinder nämlich registriert, dass sie sich zu langweilen beginnen, und das den Eltern signalisiert, haben diese eine Idee und stehen parat: Was könnte dem Nachwuchs jetzt gefallen? Und schon regnen die Angebote herab, bis das Kind zufrieden und ausreichend beschäftigt ist.

Aus familienpädagogischer Sicht geht es hier um das Phänomen der Überbehütung und Überbuchung. Kinder kommen nicht mehr in die Situation, sich wirklich zu langweilen, und verlernen es, wie die amerikanische Psychologin Wendy Mogel es nennt,[173] genussreich herumzuhängen und nichts zu tun. Wer das nicht mehr kann, verlernt auch, sich immer wieder neu zu erfinden. Kinder haben eine angeborene Wertschätzung für scheinbar Banales wie freie Zeit und unbeobachtete Momente, aber auch Natur und Umwelt. Sie genießen es, sich selbst überlassen zu sein. Sie suchen sich auf natürliche Weise eine Beschäftigung: liegen auf dem Boden oder in der Hängematte, summen, hüpfen, betrachten sich im Spiegel, spielen mit Flaschen oder Steinen, machen manchmal auch mit Insekten Experimente und versinken in diesen Phasen der Aufmerksamkeit so, dass sie die Umwelt gar nicht mehr wahrnehmen. Maria Montessori bezeichnet dieses Phänomen als Polarisation der Aufmerksamkeit und schildert hierzu eindrucksvoll folgendes Beispiel:[174]

Ein Kind, das im freien Spiel sich selbst überlassen war, versank so sehr in seine Tätigkeit, dass es nicht mehr bemerkte, als mit ihm gesprochen wurde. So vertieft in das eigene Handeln nahm es nicht einmal wahr, dass es mitsamt seinen Sachen auf einen Tisch gehoben wurde. Es spielte einfach weiter. Die Welt um es herum existierte nicht mehr. Heute würde man von Flow-Erleben sprechen, also dem zutiefst zufriedenen und glücklichen Aufgehen in einer sinnvollen Tätigkeit.

Eltern können in diesen Momenten zwei folgenschwere Fehler machen: Sie können Kinder beim Nichtstun stören, weil sie glauben, dass jeder Moment doch pädagogisch begleitet sein muss. Was soll beim freien Spiel schon anderes herauskommen als Zeitverschwendung? Und so laufen sie ihren Kindern ständig hinterher, tun dies und das, organisieren dies und jenes, erkennen Langeweile bereits dort, wo sie noch gar nicht auftritt, und stehlen damit ihren Kindern wertvolle Lebenszeit. Ebenso nachteilig wirkt es sich aus, wenn Eltern kein Interesse für das zeigen, was Kinder in ihrem freien Spiel machen. Denn irgendwann wandert die Aufmerksamkeit des spielenden Kindes zu den Eltern – sie sind seine wichtigsten Bezugspersonen. Und dann ist es wichtig, Interesse zu zeigen, zuzuhören, was die Kinder zu erzählen haben, nachzufragen, um im Hinblick auf das einsetzende Reflexionsvermögen der Kinder zu fordern und zu fördern. Aber auch hier gilt: Zurückhaltung üben. Die Kinder sollen erzählen und berichten. Reden ist Silber, Schweigen – weil Zuhören! – ist Gold.

Langeweile gehört also zum Leben eines Kindes. Sie ist in ihrem Wesen kein Problem und ein natürliches Phänomen – wenn, ja wenn der Mensch lernt, mit ihr umzugehen. Die Empfindlichkeit gegenüber Langeweile und in diesem Sinn das Wahrnehmen von etwas Unangenehmem nehmen zu, je weniger das Kind übt, mit freier Zeit aus eigener Kraft umzugehen, und je mehr Eltern als Unterhalter ihrer Kinder agieren.

Wir schließen dieses Kapitel mit einigen Leitgedanken, die wir zunächst den Eltern nahelegen. Sie können Impulse setzen und Anregungen geben. Aber auch für Lehrer können sie hilfreich sein, indem sie aufzeigen, worin sie Eltern unterstützen können.[175]

Kaum etwas ist aus empirischer Sicht so wirkmächtig wie positive Erwartungen der Eltern an ihre Kinder. Gerade die Erwartungen der Eltern können anspornen und Motivation erzeugen, aber auch Zuversicht und Sicherheit geben. Natürlich ist auch hier der Grat sehr schmal zwischen zu niedrigen und zu hohen Erwartungen, was sich in den Extremen auch negativ auswirken kann, weil sie als Desinteresse oder aber als Druck wahrgenommen werden. Aber wohldosiert und immer mit dem Leistungsvermögen der Kinder abgestimmt sind positive Erwartungen der Eltern ein Garant für Bildungserfolg.

Entrümpeln Sie das Kinderzimmer! Beseitigen Sie den Überfluss und sorgen Sie für Mangel. Dort, wo das Kind Freiheiten erfährt und nicht von vornherein in der Aufmerksamkeit (ab-)gelenkt wird, entstehen Kreativität und Schöpfergeist. Das meiste Spielzeug folgt einem Plan und wird in der Regel schnell wieder zur Seite gelegt, wenn dieser Plan einmal durchschaut ist. Nehmen Sie beim Entrümpeln des Kinderzimmers auch gleich noch das Smartphone mit. Es gehört nicht in Kinderhände, die begreifen wollen und sollen. Die Mechanismen der Spiele-Industrie sind psychologisch ausgeklügelt und rauben den jungen Menschen die Zeit, um sich selbst zu erkennen.

Schicken Sie die Kinder zum Spielen raus in die Natur! Auf den ersten Blick mag diese Empfehlung romantisch klingen. Sie ist aber ebenso wissenschaftlich. Denn nirgends lernt der junge Mensch mit all seinen Möglichkeiten so viel wie beim Spielen. Sollte Friedrich Schiller mit der folgenden Aussage recht haben, dann ist der Weg nach draußen für den Menschen als Teil der Natur nicht nur in jungen Jahren wichtig: »Der Mensch spielt nur, wo er in voller Bedeutung des Wortes Mensch ist, und er ist nur da ganz Mensch, wo er spielt.«[176] Dabei ist die Natur der beste Spielkamerad: Nirgends findet der Mensch so viele Anregungen, sich mit sich selbst und seiner Umwelt zu beschäftigen. Nirgends ist er so sehr Mensch wie draußen. Belassen Sie es bitte auch beim Schicken und gehen Sie nicht mehr mit, sobald es das Alter des Kindes zulässt. Sind Kinder auf sich allein gestellt, beginnen sie zu kommunizieren, Spiele zu erfinden, ihre Zeit zu nutzen. Eltern stören hier oft nur.

Beobachten Sie, wenn überhaupt, nur aus der Ferne! Wer sein Bedürfnis nach Kontrolle stillen möchte, nutze die Distanz, um zu sehen, was Kinder tun, wie sie sich verhalten, kurz und knapp: wie sie spielen und mit ihrer Zeit umgehen. Das ist nicht nur faszinierend zu sehen, sondern auch wichtig, um zu erkennen, wo die Kinder ihre Stärken und Schwächen haben.

Hören Sie zu! Wer seinen Kindern immer wieder ein offenes Ohr schenkt, der kommt nicht selten in die Situation, dass er am liebsten nichts mehr hören möchte – weil Kinder erzählen, erzählen, erzählen. Manchmal ist es sogar schwierig, seine eigenen Gedanken einzubringen. Aber stellen Sie Ihr Ego hintenan: Die Erzählung der Kinder ist wichtig. Lernen Sie, in den entscheidenden Momenten zu agieren. Erich Kästner hat diesen Gedanken in einem Bonmot formuliert: »Wer was zu sagen hat, ist nicht in Eile. Er nimmt sich Zeit und sagt's in einer Zeile.«[177] Die sprachliche Verarbeitung von Lebenszeit ist für den Menschen ein wesentlicher Schritt der Persönlichkeitsentfaltung. Denn beim Reflektieren bilden sich Synapsen, erkennt sich der Mensch als Mensch und erweitert damit seinen Horizont.

Fragen Sie nach und regen Sie zum Nachdenken an: Sobald das Erzählen ins Stocken gerät, weil vielleicht die Worte fehlen oder die Aufmerksamkeit zu schwinden droht, nutzen Sie die Gelegenheit zur Vertiefung und haken nach. Dadurch zeigen Sie nicht nur Interesse an dem, was Kinder tun und wie sie ihre Lebenszeit nutzen, sondern Sie regen auch zum weiteren Nachdenken an. Wenn Sie also wirklich Impulse setzen wollen, dann in diesen Momenten: kurz und knapp.

Begrüßen Sie Fehler! Weder sind Sie perfekt, noch Ihr Kind. Zeigen Sie das Ihrem Kind und legen Sie über Fehler nicht den Mantel des Schweigens. Fehler sind nicht nur ein aufschlussreicher Blick in die Denkwelt, sie sind auch ein unerlässliches Mittel, um besser zu werden. Seien Sie also geduldig mit Fehlern und freuen sich, wenn Fehler passieren. Denn mit Freude lernt sich aus einem Fehler immer besser.

Seien Sie ein Vorbild! Das wirksamste Mittel der Erziehung, das wir Menschen haben, sind wir selbst. Die Beziehung und die

Interaktion hinterlassen so nachhaltig wie nichts anderes auf der Welt Spuren in den Köpfen von Menschen. Nutzen Sie dies beispielsweise auch, um den Bildungswert der Langeweile sichtbar zu machen. Greifen Sie nicht immer gleich zum Smartphone oder schalten Sie nicht immer gleich den Fernseher ein, wenn gerade einmal Leerlauf ist – von einer permanenten Beschallung im Wohnzimmer, in der Küche, im Bad, im Schlafzimmer und im Auto ganz zu schweigen. Machen Sie vor, wie mit Lebenszeit umgegangen werden kann, wie Sie nachdenken, was sie als Nächstes tun könnten, wie Sie sich in Momenten der Langeweile bewusst hinsetzen und selbst kreativ sind. Nehmen Sie beispielsweise ein Blatt Papier und beginnen zu zeichnen oder gehen Sie raus in die Natur und betrachten auf dem Boden, was dort krabbelt und kriecht, schauen sich Blumen und Blüten an. Die Wunder der Natur bieten auch für Erwachsene noch viele Geheimnisse und laden dazu ein, ins Gespräch zu kommen und die eigene Aufmerksamkeit zu lenken. Sprechen Sie über Ihre Gedanken in diesen Momenten und lassen Sie die Kinder daran teilhaben. Sie werden sehr schnell erkennen, dass sie ihnen vieles nachmachen – oder um es mit einem Karl Valentin zugesprochenen Zitat auf den Punkt zu bringen: »Wir können unsere Kinder gar nicht erziehen. Sie machen uns sowieso alles nach.«

Kooperieren Sie und schmieden Sie Erziehungskoalitionen: Wenn es um die Reichweite von Eltern geht, wird häufig auf das afrikanische Sprichwort verwiesen, wonach ein ganzes Dorf notwendig ist, um ein Kind zu erziehen. Bildlich gesprochen ist damit gemeint, dass eine gute Erziehung auf die Kooperation aller Beteiligten abzielt. So sind es Geschwister, Tanten und Onkel, Omas und Opas, die Eltern unterstützen können – und nicht zuletzt auch Lehrerinnen und Lehrer. Die damit verbundene Erziehungskoalition ist wichtig, um Ihren elterlichen Einfluss zu optimieren. Sehen Sie also in der Schule nicht einen Feind, sondern einen Freund – der manchmal auch selbst Unterstützung braucht. Bei uns beiden war das so: Das ganze Dorf war an der Erziehung beteiligt, neben allen Verwandten auch die Nachbarn, die Trainer in den Vereinen sowie der Pfarrer.

SCHÜLER – ANDERS!

»O tempora, o mores!« (Oh Zeiten, oh Sitten!) ist ein häufig verwendetes Zitat. Es stammt von Marcus Tullius Cicero, einem der bekanntesten Politiker und Redner der Antike. Dieser hat in vier Reden diesen Ausspruch benutzt, um darauf hinzuweisen, dass es mit der nachwachsenden Generation im Vergleich zur älteren Generation bergab geht: 70 v. Chr. in seiner zweiten Rede gegen Verres, 63 v. Chr. in seiner ersten Rede gegen Catilina, 57 v. Chr. in der Rede in eigener Sache und 45 v. Chr. in seiner Rede für den König Deiotarus.

Auch heute noch hört man ähnliche Stimmen, und nur zwei seien genannt, die beide als Autoren der *Spiegel*-Bestsellerliste größere gesellschaftliche Aufmerksamkeit erfahren haben. So zeichnet Rüdiger Maas in seinem Buch *Generation lebensunfähig* ein düsteres Bild der heutigen jungen Generation.[178] Durch den Einfluss der digitalen Medien und ihren unreflektierten Konsum würden immer mehr Kinder und Jugendliche aus der Bahn geraten. Eltern schafften es nicht mehr, durch wirksame Erziehungsmaßnahmen gegenzusteuern – und viele wollten es auch gar nicht. Zurück bleibe eine Generation, die mit dem Leben überfordert sei und Gefahr laufe, in eine Unglücklichkeitsspirale zu geraten. Ähnlich skizziert Silke Müller in *Wir verlieren unsere Kinder* das Bild einer Generation, die in der Krise stecke.[179] Ausgehend von einem für die ältere Generation verstörend wirkenden Alltag im Klassen-Chat, in dem Bilder von Gewalt, Pornografie und Rassismus geteilt werden, beschreibt sie mögliche Folgen und Gefahren für die jüngere Generation. Das Szenario ist auch hier düster.

Beiden Büchern ist die Haltung gemein, dass sich im Vergleich der Generationen etwas verschoben habe und es gesamtgesellschaftlich geboten sei, zu reagieren und zu intervenieren. Cicero lässt also zweitausend Jahre später wieder grüßen.

Wir teilen die dargestellten Positionen insoweit, als es zwischen den Generationen immer Veränderungen gibt – die einen sind positiv, die anderen negativ. Es wäre daher genauso möglich, Bücher zu schreiben, die herausstellen, was die junge Generation im Vergleich zur älteren Generation alles besser kann – aber ob das für den Buchmarkt wirklich interessant wäre? Wichtiger erscheint uns jedoch, nach vorne zu blicken und die junge Generation zu unterstützen, wo sie besondere Hilfe braucht. Unsere Position ist es nämlich auch, dass junge Menschen nach wie vor begeisterungsfähig, mutig, offen, aufgeschlossen, tatkräftig, engagiert und kreativ sind. Sie sind immer Kinder ihrer Zeit. Nicht sie sind das Problem, sondern wir, wenn wir sie nicht anders fördern.

Und wir sollten nicht vergessen: Wir Erwachsenen haben diese Welt mit ihren technischen Herausforderungen, den globalisierten, digitalisierten, beschleunigten ökonomischen Leistungsansprüchen geschaffen und schaffen sie immer noch. An all das haben sich unsere Kinder sofort angepasst, weil es gar nicht anders für sie ging. Denn es gilt die alte Weisheit: Du kommst auf die Welt, und die Welt ist schon da.[180] Und wie sie da ist, fordert sie eine Anpassungsfähigkeit, von der wir Älteren keine Ahnung haben. Bildung heißt im Kern, dass sich der Mensch die Welt erschließt und auch erschließen muss. Dabei wird er gleichzeitig von der Welt »erschlossen«, wie es Wolfgang Klafki nennt:[181] Der Mensch eignet sich, indem er die Welt erschließt, Wissen und

Können an, entwickelt Fähigkeiten und Fertigkeiten, formt seine Wertungen und Einstellungen. Mit anderen Worten: Er bildet sich. Es liegt folglich an uns, wie wir unsere Kinder auf diese Welt vorbereiten. Womöglich können wir genauso viel von ihnen lernen wie sie von uns. Aber ein paar grundlegende, fast schon anthropologische Konstanten gibt es eben doch, die sich unter allen möglichen Umständen bewährt haben. Hier unsere »Hitliste«!

Weniger Ablenkung, mehr Anstrengung

Je nach Studienlage verbringen Jugendliche etwa vier Stunden am Tag vor Bildschirmen. Eineinhalb Stunden davon gehören TikTok. In dieser Zeit schauen sie aufgrund der durchschnittlichen Videolänge von 15 Sekunden jeden Tag mindestens 350 Videos (wenn sie jedes zu Ende sehen, vermutlich sind es aber deutlich mehr) – 350-mal ein Impuls, der meist nicht gesucht wird, aber dank Big Data Konsumenten findet. Eine fast schon unvorstellbare Flut an Informationen, die auf das sich in der Entwicklung befindende Gehirn eines jungen Menschen einwirkt. Das Ablenkungspotenzial ist immens und bleibt nicht ohne Folgen.

In seiner preisgekrönten soziologischen Analyse »Kognitive Apokalypse« hat der französische Sozialwissenschaftler Gérald Bronner festgestellt,[182] dass die Menschen noch nie so viel Zeit zum Nachdenken hatten wie heute. Technischer und kultureller Fortschritt bringen es mit sich, dass die harte körperliche Arbeit, die früher geleistet werden musste, um überhaupt leben zu können, für den Einzelnen immer weniger wird und dadurch zeitliche Freiräume entstehen, die er Gehirnzeit nennt. In dieser könne der Mensch mehr denn je nachdenken, reflektieren, achtsam sein. Das Absurde aber nun ist, dass Menschen ihre Gehirnzeit immer weniger dafür nutzen und sie stattdessen geradezu naiv vergeuden. Ablenkungen gibt es überall, mit fatalen Folgen: Menschen verlernen zu denken, weil sie immer mehr wischen, klicken, liken, ohne zu merken, dass Hass, krude Theorien und Fake News an die Stelle von Empathie, Wahrheit und Vernunft treten.

Derweil ist das Smartphone, wie jede Technik, nicht per se schlecht. Es kommt immer darauf an, wie Menschen die Technik nutzen. Vor allem Jungen spielen die meiste Zeit Computerspiele, die einer festen und programmierten Logik folgen, während Mädchen stundenlang chatten, ohne wirklich zu kommunizieren. Damit wird zwar viel Zeit verbracht, aber die Sinnhaftigkeit des Tuns ist nicht gegeben. Vielmehr wird der Griff zum Smartphone bei jedem Anflug von Langeweile zum scheinbaren Retter, wenn man wischt und wischt und wischt. Monotoner könnte das Tun nicht sein, aber Spielelevel und Likes schaffen es, dass die kritische Reflexion der eigenen Lebenszeit ausgeschaltet ist, während das Smartphone eingeschaltet ist und den Menschen ablenkt.

Wie dieses Ablenkungspotenzial im Klassenzimmer wirkt, haben mittlerweile mehrere Lehrerinnen und Lehrer vor Augen geführt,[183] als sie ihre Schülerinnen und Schüler gebeten haben, alle Smartphones eingeschaltet zu lassen und, wann immer eine Nachricht über SMS, Mail, TikTok, Instagram und dergleichen einging, auf einem Flipchart eine Strichliste zu führen. Am Ende einer Schulstunde konnte so mancher über 300 solcher Interaktionen zählen, die allesamt nichts mit dem Unterricht zu tun hatten. Nachdenken wird so fast unmöglich.

Die empirische Bildungsforschung bestätigt dieses Experiment aus England. Am bekanntesten ist der sogenannte Brain-Drain-Effekt, den der Kognitions- und Sozialpsychologe Adrian F. Ward und Kollegen 2017 in einer Studie beschrieben haben. In dieser wurde untersucht,[184] wie sich die Nähe des Smartphones auf die kognitive Leistung auswirkt, die mittels Test gemessen wurde. Folgendes Untersuchungsdesign, wir haben es in Kapitel 3 schon erwähnt, wurde eingesetzt: Die erste Gruppe hatte das Smartphone auf dem Tisch liegen, die zweite Gruppe wurde gebeten, das Smartphone in die Tasche zu stecken, und die dritte Gruppe musste das Smartphone vor dem Prüfungsraum abgeben. Die Testergebnisse sind eindeutig: Je näher das Smartphone, desto geringer die Lernleistung. Das Ablenkungspotenzial ist also immens.

Nun könnte man meinen, dass dieses Problem schnell gelöst sei, indem man einfach die Smartphones aus der Schule verbannt. Leider befindet sich die Generation Z bereits in dem Zustand, dass die Abwesenheit des Smartphones zu Panikattacken führen kann. »Out of Sight is not out of Mind« lautet daher eine aufschlussreiche Studie der Medienpsychologin Nancy A. Cheever und Kollegen aus dem Jahr 2014, und sie macht darauf aufmerksam:[185] Einer naiven Digitalisierung lässt sich nur mit Vernunft und daher mit einer Medienerziehung begegnen, die die Felder Medienkunde, Mediennutzung, Mediengestaltung und Medienkritik umfasst.[186]

Das Ablenkungspotenzial von Smartphones kann schnell zu Abhängigkeit führen. Auch wenn man dabei nicht von Smartphone-Sucht sprechen kann (weil es nicht das Medium ist, das süchtig macht, sondern die Apps, die sich darauf befinden), ist es nicht überraschend, dass negative Effekte auf nahezu alle Bereiche der Persönlichkeitsentfaltung die Folge eines unreflektierten Medienkonsums sein können: Rückgang der schulischen Leistungen, Zunahme an Depressionen, soziale Isolation, Gesundheitsprobleme im Nacken, Kurzsichtigkeit und vieles andere mehr.[187]

Ohne an dieser Stelle apokalyptisch sein zu wollen: Die Datenlage ist erdrückend und legt den Schluss nahe, dass Kinder und

Jugendliche weniger Ablenkung haben und stattdessen mehr Aktivität entfalten sollten. Am bildungswirksamsten ist es über alle Generationen hinweg – ob *digital native*, *digital immigrant* oder *digital emigrant* –, Selbstwirksamkeit zu erfahren. Selbst zu entscheiden, was man tut, und dann selbst etwas zu schaffen, das sind die entscheidenden Aspekte der schon klassischen Selbstbestimmungstheorie der Psychologen Edward L. Deci und Richard M. Ryan, in deren Zentrum drei Bedürfnisse stehen:[188] das Bedürfnis nach Autonomie, weil Menschen danach streben, ein Gefühl der Kontrolle über ihre eigenen Handlungen zu haben und ihre Entscheidungen selbst zu treffen; das Bedürfnis nach Kompetenz, weil Menschen danach streben, sich mit ihrer Umwelt auseinanderzusetzen, Fähigkeiten zu entwickeln und sich in ihren Handlungen fähig und wirksam zu fühlen; das Bedürfnis nach sozialer Eingebundenheit, weil Menschen danach streben, eine bedeutungsvolle Beziehung zu anderen Menschen zu haben und zu erleben.

Gelingt es im Unterricht, Schüler aus einer passiven in eine aktive Rolle zu führen und sie angesichts einer herausfordernden Lernsituation zu Anstrengungen zu animieren, dann tritt häufig das ein, was in der Psychologie als Flow bezeichnet wird:[189] das Erleben eines tiefen und nachhaltigen Glücksgefühls und das vollständige Aufgehen in einer Sache. Voraussetzung für ein Flow-Erleben ist eine ideale Passung zwischen den eigenen Fähigkeiten und den für die jeweilige Lernsituation nötigen Anforderungen. Mit anderen Worten: Sind die Fähigkeiten zu gering oder ist die Anforderung zu hoch, folgt daraus eine Überforderung; sind die Fähigkeiten zu gut oder ist die Anforderung zu gering, kommt es zu Unterforderung.

Soll Schule nicht nur Lernort, sondern auch Bildungsraum werden, so muss mehr Selbstbestimmung ermöglicht werden. Schülerinnen und Schüler aus der Ablenkungsfalle zu führen und ihnen vielfältige Aktivitätsfelder aufzuzeigen ist eine der wichtigsten Aufgaben der Schule. Dies gilt besonders für die immer weitere Lebensbereiche umfassende Digitalisierung, die mittlerweile nicht nur quantitativ, sondern auch schon qualitativ die bestimmende Größe im Leben von (jungen) Menschen ist. Eine Medienerziehung, die in klassischer Weise die Felder von Medienkunde, Mediennutzung, Mediengestaltung und Medienkritik umfasst, ist heute wichtiger denn je. Aus dem passiven und manipulierbaren Konsumenten einen aktiven und mündigen Nutzer zu machen ist dabei oberstes Gebot. Es geht darum, die Technik nicht nur bedienen zu können – das ist angesichts der Bedienungsfreundlichkeit keine Kunst mehr –, sondern die Technik so einzusetzen, dass sie dem Menschen dient – und sie auch einmal auszuschalten und beiseitezulegen, wenn sie stört.

Und wieder der gleiche Gag: Wer hätte das gedacht? Eigentlich doch jede und jeder, denn wir alle sind inzwischen von Smartphones & Co., den »digitalen Diktatoren« unserer Zeit, angetrieben, abgelenkt und ausgequetscht. Die große Angst, etwas zu verpassen, nicht online zu sein, nicht dabei gewesen zu sein, sich nicht im richtigen Moment schon mal empört zu haben, die treibt uns doch um: Kreislaufprobleme, wenn der Akku des Smartphones fast leer ist? Wo ist die nächste Steckdose? War was auf WhatsApp? Wieso höre ich kein Ping für den neuesten Newsfeed? Gab es schon einige Minuten keine neue Nachricht mehr? Pausenlos ersaufen wir in der Flut der Bits and Bytes, vermögen kaum mehr die Flut von scheinbar so unglaublich wichtigen Nachrichten von Freunden und Bekannten, Kollegen und anderen zu lesen. Die kleinen, handlichen Informationszentren – denn bloße Telefone sind Smartphones schon lange nicht mehr – halten uns ständig auf dem Spannungsniveau eines Herzchirurgen kurz vor der Herzverpflanzung. Nein, noch schlimmer: Hysterie statt ruhiger Überlegung, sofortige Reaktion anstelle von abwägendem Nachdenken. Die Dinger lassen uns keine Ruhe und geben uns keine Zeit mehr. Und wehe, wir reagieren nicht, dann piept und blinkt es so lange, bis wir dem digitalen Affen endlich wieder Zucker geben, uns also ganz auf ihn konzentrieren. So ist die Welt, die wir Erwachsenen den Kindern präsentieren. Familien sitzen gemeinsam am Esstisch und glotzen auf ihre Bildschirme. Ob in Turnhallen voller Kinder, in Bus und Bahn, in Wartezimmern bei Ärzten – überall ist es ganz ruhig, denn alle sitzen auf den Bänken und starren auf ihre kleinen Diktatoren. Sogar die Idole des Profisports stieren zumeist auf ihre Smartphones – und auch auf den Regierungsbänken sieht es nicht anders aus: *O tempora, o mores!*

Was lässt sich aus dem Gesagten für eine Schule der Zukunft folgern? Eine Schule der Zukunft muss die Kinder und Jugendlichen wieder das Denken lehren. Dafür nötig sind entsprechende Zeiträume, mit den Worten von Gérald Bronner:[190] Gehirnzeit, in der ohne Vorgaben und ohne irgendwelche Medien Schülerinnen und Schüler zusammenkommen, um über sich und die Welt nachzudenken und zu sprechen: Was beschäftigt uns? Was gibt es Neues? Worüber bin ich in letzter Zeit gestolpert? Was hat mich fasziniert, was irritiert? Das Einzige, was diese Gehirnzeit initiieren kann, ist – Langeweile. So absurd dieser Appell zunächst klingen mag, er ist ernst gemeint, wie wir im nächsten Abschnitt darlegen.

Weniger Verplanung, mehr Langeweile

Bereits in den 1990er-Jahren gab es aus familiensoziologischer Sicht das Schlagwort »Verplanung der Kindheit«.[191] Damals wurde angemahnt, dass Kindheit keine Freiräume mehr hat und jede Minute durchgeplant ist. Das Phänomen ist heute noch viel ausgeprägter, viele Kinder haben einen Terminkalender, der im Umfang schon fast dem eines Topmanagers gleicht. Im Zuge dieser Verplanung des Lebens gerät Langeweile in Verruf. Sie wird als etwas geradezu Bedrohliches und Peinliches wahrgenommen. Dabei hat Langeweile durchaus einen Bildungswert.

»Mama, Papa, mir ist so langweilig!« Vielleicht kennen Sie diese Worte auch. Für viele Eltern sind sie jedes Mal ein Dolchstoß, ereilen sie einen doch meistens in Situationen, in denen man gerade selbst alle Hände voll zu tun und keine Lust auf Beschäftigungstherapie hat. Aber was ist eigentlich Langeweile?

Zunächst bezeichnet Langeweile das Erleben von Zeit, die sich in die Länge zieht und eben nicht wie im Flug vergeht. Sekunden dehnen sich zu Minuten und Minuten zu Stunden. Langeweile markiert damit ein Zeitbewusstsein besonderer Prägung und wird meistens durch Nichtstun oder durch monotone, uninteressante Tätigkeiten hervorgerufen. Befinden wir uns in Momenten der Langeweile, reagiert nicht nur der Geist durch Unzufriedenheit, sondern auch der Körper: »Im Gähnen«, so schreibt Walter Benjamin, »tut sich der Mensch selber als Abgrund auf; er macht sich der langen Weile ähnlich, die ihn umgibt.«[192] Langeweile ist in diesem Sinn nicht nur etwas Kognitives, sondern sie betrifft auch den Menschen in seiner ganzen Existenz. Wer sich langweilt, erlebt sich in allen seinen Möglichkeiten als unnütz.

Die Gründe für dieses Erleben sind vielfältig. Im Kern lassen sich zwei Perspektiven unterscheiden: Zunächst kann man von jemandem gelangweilt werden. Uninteressante Monologe, überzogene Selbstdarstellungen, ständige Besserwisserei – all das sind Momente einer solchen Langeweile. Hier ist der Ausweg aus der Langeweile relativ einfach: das Gespräch beenden und das Weite suchen. Im Lauf des Lebens entwickelt man so seine Strategien, ein Gespräch höflich und wertschätzend, aber dennoch bestimmt und konsequent zu beenden. Man tut gut daran,

Kindern auch das näherzubringen. Man muss nicht jedem zuhören, bis er alles und dann doch nichts gesagt hat. Was aber tun, wenn der Ausweg nicht so leicht ist, etwa in der Schule bei Unterrichtspflicht?

Hier kommt die zweite Variante ins Spiel. Denn man selbst kann es auch sein, der Langeweile erzeugt. Beispielsweise durch die ewige Wiederkunft des Gleichen, wie es der gewöhnliche Tag so mit sich bringt: Aufstehen, Zähneputzen, Frühstücken, zur Schule gehen, Mittagessen, Hausaufgaben, Abendessen, Zubettgehen. All das erinnert schon sehr an den Mythos des Sisyphos. Obschon dieser bereits in der Antike bei Homer vorkommt, ist es die Auslegung von Albert Camus im gleichnamigen Buch, die heute am bekanntesten ist:[193]

Sisyphos, Sohn des Aiolos und König in Korinth, war bekannt für seine Weisheit und seine List, mit der er gleich mehrere Götter hinters Licht führte. Zur Strafe musste er in der Unterwelt auf ewig einen schweren Felsblock einen steilen Hang hinaufrollen. Doch kurz vor dem Gipfel entglitt ihm jedes Mal der Stein, und er musste erneut von vorne anfangen.

Philosophisch interpretiert Albert Camus diese Situation mit dem Absurden, die sich im Spannungsverhältnis zwischen der Sinnwidrigkeit der Welt auf der einen Seite und der Sehnsucht des Menschen nach Sinn auf der anderen Seite zeigt. Wer kennt das nicht? Der Lebensalltag ist voll von solchen Sisyphos-Momenten, die einem mühsam, ja geradezu sinnlos erscheinen und die Kräfte rauben. Und doch, so absurd es klingt, können diese Momente zufrieden machen.

Am Ende des Werkes von Camus steht folgende unerwartete Pointe: »Der Kampf gegen Gipfel vermag ein Menschenherz auszufüllen. Wir müssen uns Sisyphos als einen glücklichen Menschen vorstellen.« Warum aber soll ausgerechnet Sisyphos glücklich sein? Die Antwort von Camus zeigt bereits auf, worin der

Bildungswert des Mythos des Sisyphos zu sehen ist: »Sein Schicksal gehört ihm. Sein Fels ist seine Sache.«[194]

Das Gleiche gilt nun für uns Menschen: Auch wenn Gott nicht würfelt, wie es in Anlehnung an Albert Einstein heißt,[195] so gibt es doch keinen Plan, den die Menschheit als Ganzes fassen kann. So bleibt nur, dass wir Menschen selbst einen solchen schmieden. Langeweile, die plötzlich aufkommt, kann von uns Menschen genauso schnell wieder vertrieben werden. Wenn, ja wenn wir dazu in der Lage sind. Wir sind dies jedoch nicht, wenn es uns an Kreativität fehlt. So bemerkt Jean Paul: »Nicht Mangel an Ideen – denn man hat immer welche –, sondern an neuen macht Langeweile.«

In der Schule bietet sich auf den ersten Blick ein anderes Bild, was Langeweile anbelangt. Denn das Kind muss hier funktionieren. Es muss lernen, zuhören, mitschreiben. Eigentlich besteht gar keine Möglichkeit, sich zu langweilen. Und dennoch kommt es vor – je nach Studienlage langweilt sich ein Viertel der Schülerinnen und Schüler während des Unterrichts. Eine beachtliche Quote. Die Effekte von Langeweile in der Schule sind immens:[196] Wer sich im Unterricht langweilt, bekommt im Vergleich zu jenen, die sich nicht langweilen, nur die Hälfte mit und verliert damit ein halbes Schuljahr an Lernzeit. Ein dramatischer Effekt! Auch hier könnte man auf den ersten Blick einwenden, dass die Schüler dafür nichts können. Es liegt an der Schule, an der Lehrkraft, am Unterricht und an den Inhalten. All das könnte optimiert werden, keine Frage: Schule könnte lebensnaher werden, Lehrer leidenschaftlicher, Unterricht motivierender und die Inhalte spannender. Diese Argumentation begegnet uns nicht nur bei Schülerinnen und Schülern, sondern auch bei ihren Eltern: »Wenn sich mein Kind langweilt, dann liegt das nicht an ihm, sondern am System.«

Vor diesem Hintergrund ist Langeweile nicht nur das Ergebnis dessen, was der Mensch aus ihr macht, sondern sie ist immer auch die Folge dessen, was der Mensch aus sich selbst macht. Wenn ein Schüler die Segel streicht, nicht zuhört, sich nicht anstrengt, nicht mitmacht, wie soll Schule dann auch Freude bereiten? Selbst der uninteressanteste Unterricht bietet die Möglichkeit, sich einzubringen, Fragen zu stellen und aktiv zu werden. Das gilt für fast jeden Unterricht – einzige Ausnahme, zumindest mit größeren Schwierigkeiten verbunden: eine Stunde Film ansehen, was dank Digitalisierung immer öfter vorkommt.

Schule kann also durchaus Züge des Absurden haben und Langeweile begünstigen. Aber es ist auch hier, beim einzelnen Schüler, wie bei Sisyphos: »Sein Schicksal gehört ihm. Seine Schule ist seine Sache.« Es gibt keinen Plan für Langeweile. Ob sie kommt und wann sie dann wieder vergeht, liegt in unseren Händen. Als Schüler tut man gut daran, Interesse zu zeigen, Hausaufgaben zu machen, im Unterricht mitzumachen und auch kritisch-konstruktiv nachzufragen. Viele Lehrkräfte sind dankbar dafür und auch offen, Ideen und Anregungen von Schülern aufzunehmen – viele stecken ja auch in dem Dilemma, dass sie seit Jahren dasselbe unterrichten und keine Lösung haben, dieser Monotonie zu entkommen. Langeweile im Unterricht trifft also häufig auch die Lehrkraft. Nur die Interaktion zwischen den Menschen vermag Neues hervorzubringen. Während die Inhalte relativ konstant bleiben, ist das Zusammenwirken und das Zusammenspiel zwischen Schülern und Lehrern doch immer wieder ein anderes. Das bietet die Chance, der Langeweile zu entrinnen.

Bereits mehrfach ist nun angeklungen, wie wichtig die Fähigkeit ist, mit Langeweile umzugehen. Der eigene Umgang mit der Lebenszeit entscheidet darüber, ob ich Langeweile als etwas Produktives und damit Bildungswirksames wahrnehme. Vielleicht mag der eine oder andere einwenden, dass genau diese Fähigkeit etwas ist, was dem einen in die Wiege gelegt wird und dem anderen ein Leben lang verschlossen bleibt. Und in der Tat steckt in diesem Gedanken ein Funken Wahrheit, gibt es Menschen, die leichtfüßig durchs Leben wandern und mit dem Absurden geradezu spielen. Langeweile gibt es für diese Menschen nicht – gehören Sie auch dazu?

Das Marshmallow-Experiment des österreichisch-amerikanischen Psychologen Walter Mischel wird häufig als Beleg zitiert, dass die nötigen Fähigkeiten, um Langeweile für sich produktiv zu nutzen, mit den Genen des Menschen zu tun haben. In Mischels Experiment wurden Kindergartenkinder in den 1970er-Jahren[197] vor die Aufgabe gestellt, in einem Raum entweder 15 Minuten lang auf eine begehrenswerte Belohnung, beispielsweise zwei Marshmallows, zu warten, oder aber die Wartezeit zu jedem beliebigen Zeitpunkt zu beenden, indem sie eine Belohnung von geringerem Wert, etwa nur *ein* Marshmallow, akzeptierten. Nur die wenigsten Kindergartenkinder entschieden sich für die erste Alternative – und für die, die warten konnten, zeigten Längsschnittstudien, dass sie auch auf ihrem weiteren Bildungs- und Berufsweg erfolgreicher waren.

Der Schluss, der heute noch häufig daraus gezogen wird, ist, dass manche Menschen von Geburt an erfolgreicher sind und vieles, was Erfolg ausmacht, schon im Kleinkindalter festgelegt ist. Diese Interpretation ist falsch und verkennt den Kerngedanken des Marshmallow-Experiments. Zunächst führten die geschilderten Ergebnisse dazu, dass die bis dahin weitverbreitete Annahme, das Aufschieben von Belohnungen zugunsten einer höheren Belohnung führe zum Erfolg, nicht zutrifft. Stattdessen zeigten die Ergebnisse, dass es etwas anderes ist, was für den Aufschub sorgte: Bei manchen Kindergartenkindern konnte beobachtet werden, wie sie nach der Aufgabenstellung begannen, ihre Aufmerksamkeit zu lenken – ob bewusst oder unbewusst. So gelang es ihnen, im Marshmallow keine Belohnung in Form einer begehrenswerten Süßigkeit zu sehen, sondern womöglich ein Flugzeug, ein Auto oder ein Schiff, mit dem sie spielten. Die Zeit verstrich daraufhin wie im Flug und die 15 Minuten wurden durch Spielen überbrückt.

Das ist die eigentliche Pointe des Marshmallow-Experiments:[198] Man konnte feststellen, dass allein der Hinweis an die Kindergartenkinder, das Marshmallow als Flugzeug, Auto oder Schiff zu sehen und damit zu spielen, vielen half, die Wartezeit deutlich zu verlängern. Und damit ist bewiesen: Der Mensch kann lernen, mit Langeweile umzugehen und seine Aufmerksamkeit zu lenken. Ohne Frage bringen Menschen unterschiedliche Fähigkeiten mit. Aber diese Fähigkeiten sind keine Grenzen, sondern der Startpunkt.

Für Erziehung und Unterricht ist diese Schlussfolgerung wichtig. Denn diese Haltung ist die Grundlage dafür, es immer und immer wieder zu versuchen, an die Kinder zu glauben und keines zurückzulassen, Herausforderungen zu setzen sowie zu fordern und zu fördern.

Was lässt sich aus dem Gesagten für eine Schule der Zukunft folgern? Eine Schule der Zukunft braucht Freiräume und Freizeiten. Wer sich nie langweilt, kann keine Strategien entwickeln, mit Langeweile zurechtzukommen, wenn sie einen doch eines Tages ereilt. Sobald sich aber Kinder langweilen, zeigt sich, dass kein Mensch es lange aushält, nichts zu tun – und »nichts« meint hier im wörtlichen Sinn »nichts«. Vielmehr sucht der Mensch nach Möglichkeiten, seinem Leben einen Sinn zu geben, er hinterfragt sich, generiert Ideen, ist kreativ. Das ist der Bildungswert der Langeweile.[199]

Weniger Untertänigkeit, mehr Mut

Auf den ersten Blick ist Schule alles andere als langweilig, denn Schule ist anstrengend. Allein schon die durchschnittlich sechs Unterrichtsstunden am Tag über sich ergehen zu lassen, aufmerksam zu sein und mitzumachen, ist anstrengend. Wenn Kinder nach Hause kommen, dann sieht man es ihnen an. Sie sind ausgelaugt und brauchen zunächst einmal eine Pause. Doch wovon sind Kinder und Jugendliche am Ende eines Schultages eigentlich müde?

Nimmt man die Ergebnisse der empirischen Bildungsforschung, so hat man zumindest für die Unterrichtsstunden eine Antwort:[200] Schülerinnen und Schüler sind müde vom Zuhören und vom Reagieren. Lehrerinnen und Lehrer sprechen – je nach Studie – bis zu 90 Prozent der täglichen Unterrichtszeit, also etwa 240 Minuten, und stellen zwischen 100 und 300 Fragen am Tag, von denen die meisten mit drei Wörtern beantwortet werden können. Nach so viel Frage-Antwort-Spiel ist es kein Wunder, dass Kinder und Jugendliche am Ende des Schultages in jeder Hinsicht fertig sind.

In den Grundschulen lassen sich die Kompensationsstrategien von Kindern noch schön beobachten. Kaum ist der Pausengong ertönt, öffnet sich bereits das Schultor und heraus stürmt eine Masse von schreienden und tobenden Kindern – nur gut, wenn diese in eine Schule gehen, wo sie zumindest auf dem Pausenhof noch Kind sein dürfen. In den weiterführenden Schulen verschiebt sich das Bild immer mehr, und die Trägheit nimmt ihren Lauf: Jugendliche reduzieren ihre körperlichen Aktivitäten in den Pausen und hängen zusehends an Smartphones, sofern diese in der Schule erlaubt sind. Zwar glauben viele, dass solche Bildschirmzeiten entspannend sind. Allerdings weisen Studien nach, dass dies nicht der Fall ist. Das Lesen von Nachrichten in den sozialen Netzwerken oder der Zeitvertreib mit Computerspielen führt nicht zu einem Stressabbau, sondern zu weiteren physischen und psychischen Belastungen – weil beides das bereits permanent geforderte kognitive System anspricht und erneut im Sitzen agiert wird. Wie bei uns allen!

Ohne an dieser Stelle übertreiben zu wollen: Der Schultag gleicht häufig dem Tagesablauf in einer Kaserne. Untertänigkeit ist oberstes Gebot. »Artgerecht« ist diese Haltung nicht. Sie entspricht nicht dem Wesen des Menschen mit all seinen Möglichkeiten und Bedürfnissen. Nicht umsonst lautet einer der Kernaspekte von Bildung: Bildung ist nicht das, was man aus mir gemacht hat, sondern das, was ich aus meinem Leben mache. Nicht nur Reagieren ist dafür notwendig, sondern auch und vor allem Agieren.

Wenn man aus der Coronapandemie etwas aus pädagogischer Sicht lernen konnte, dann ist es genau diese Einsicht.[201] Ohne Zweifel gab es Schülerinnen und Schüler, die während der Coronapandemie mit den veränderten Bedingungen – sei es die soziale Isolation, sei es das Homeschooling – besser umgehen konnten als andere. Während die einen also relativ unbeschadet durch die Krise gekommen sind, fielen die anderen ab. Zu reflexartig wird in diesem Zusammenhang die digitale Ausstattung als entscheidender Unterschied genannt. So wichtig diese während der Coronapandemie auch war, sie legt nur den Grundstein. Entscheidend ist vielmehr, was darauf aufbaut: Gerade im Homeschooling sind Tugenden wie Konzentration, Ausdauer und Engagement sowie das Selbstkonzept der Kinder und Jugendlichen, das den Umgang mit dem eigenen Lernen bestimmt, zentral. Schülerinnen und Schüler, die ihr Lernen organisieren konnten, selbstständig und selbsttätig agierten, ihre Zeit sinnvoll einteilen und rhythmisieren konnten, konzentriert, ausdauernd und engagiert bei der Sache waren, kamen besser mit dem Homeschooling zurecht als solche, die all das nicht konnten und taten.

Das Problem liegt auf der Hand: Die aufgezählten Faktoren stehen bis heute nicht im Zentrum des Schulunterrichts, und daher war es bei vielen Schülerinnen und Schülern nicht verwunderlich, dass sich infolge der Schulschließungen und des Homeschoolings zuhauf Lernrückstände ergaben und bis heute nachwirken. Selbsttätigkeit und Eigenaktivität sind zwar geachtete Bildungsziele, aber sie werden bis heute zu wenig gefördert.

Ein Beispiel der empirischen Bildungsforschung untermauert das Gesagte aus einer für viele überraschenden Richtung:[202] Demzufolge hat die Reduzierung der Klassengröße von 30 auf 20 Schülerinnen und Schüler nur zu einem geringen positiven Effekt geführt. Das überrascht viele, vor allem die Lehrer. Sie argumentieren hier gern, dass man in kleineren Klassen den Kindern und Jugendlichen doch mehr Rückmeldung geben kann und allein dies schon große Wirkung haben müsste. Richtig ist, dass Lehrkräfte mehr Feedback geben. Aber erfolgreiches Feedback ist nicht eine Frage der Quantität, sondern der Qualität – was nützt es dem Schüler, wenn er nicht fünfmal erfährt, dass er einen Fehler gemacht hat, sondern zehnmal? Ein ähnliches Argument lautet, dass man in kleineren Klassen die Schülerinnen und Schüler doch stärker miteinander ins Gespräch bringen kann. Die Realität sieht anders aus: Nicht Schüler sprechen in kleineren Klassen mehr, sondern Lehrer. Letztere füllen also den frei werdenden Raum. Erst dann also, wenn Lehrkräfte erkennen, wie stark die Wirksamkeit der Reduzierung der Klassengröße von ihrem eigenen Denken und Handeln abhängt, kann sie zu einem wahren Turbo der Unterrichtsentwicklung werden.

Dieser Befund ist auch für Schüler interessant. Denn sie können durch ihr Denken und Handeln die Unterrichtssituation verändern und damit die Reduzierung der Klassengröße besser nutzen. Dafür ist Mut notwendig und ein Rollenverständnis, das dem Lernenden die zentrale Bedeutung für den Bildungserfolg beimisst und ihn als Autor seines Lebens begreift. Wer etwa in kleineren Klassen nichts anders macht als vorher, nicht mehr Fragen stellt, sich nicht öfter meldet, nicht nachfragt, wenn er etwas nicht verstanden hat, und stattdessen nur hofft, dass der Kelch an ihm vorübergeht, wenn eine Frage gestellt wird, der bleibt Untertan und nimmt keinen Einfluss auf seine Bildungssituation. Raus aus der Untertänigkeit und mehr Mut, Selbsttätigkeit und Eigenaktivität, so muss die Devise aus Sicht der Schüler lauten.

Ein Grund für diesen Mangel an Mut und das Fehlen von Selbsttätigkeit und Eigenaktivität liegt in einem pädagogischen Missverständnis: Von selbst ernannten Schulreformern und Bildungsexperten wird immer wieder propagiert,[203] dass der Mensch ein selbstbestimmtes Wesen sei und deswegen jegliches pädagogische Denken und Handeln ausschließlich vom Lernenden auszugehen habe. Lernbegleiter, nicht bloß Lehrer, so lautet denn auch das neue Ideal. In diesem Sinn müssten Lehrer, wie es im Englischen oft auf den Punkt gebracht wird, »guide on the side« (»Helfer an der Seite«) und nicht »sage on the stage« (»der Weise auf der Bühne«) sein.[204] Vor allem die Diskussionen über Digitalisierung befeuern diese Positionen. Endlich habe der Mensch nun die Möglichkeit, in völliger Freiheit selbst zu bestimmen, wann er was mit wem wie warum lernt. So euphorisch all das klingen mag, es verkennt die Realitäten des Lebens und ist allenfalls eine Utopie.

Ohne Zweifel ist es richtig, dass der Mensch als freies Wesen die Möglichkeit hat, sich von seinen Zwängen zu lösen und sich für etwas zu entscheiden. Verkannt aber wird immer wieder, dass Selbstbestimmung nur eine Gabe ist – und als solche eine lebenslange Aufgabe, die nicht von sich aus zum Vollzug kommt, sondern angeleitete Bildungsprozesse erfordert. Allein die Möglichkeit, sich selbst entscheiden zu können, führt nicht zwingend dazu, dass man sich für das Richtige entscheidet. Zwei Beispiele:

Erstens findet sich in Kindergärten und Grundschulen nicht selten die Auffassung, dass Kinder besser lernen, wenn sie selbst entscheiden können, wann sie lernen. Die Debatten gehen sogar so weit, dass überlegt wird, Schülern völlig freizustellen, wann sie überhaupt in den Unterricht kommen. Allein aus schulorganisatorischer Sicht ist das absurd, aber ebenso empirisch unhaltbar. Erinnert sei hier nochmals an den bereits erwähnten Dumm-und-dümmer-Effekt,[205] demzufolge sich leistungsschwächere Schülerinnen und Schüler in Lernarrangements völliger Freiheit bei der Wahl ihrer Aufgaben häufig überschätzen, wohingegen leistungsstärkere zur Unterschätzung neigen. Kinder und Jugendliche sind also nur bedingt in der Lage, ihre eigene Leistungsfähigkeit treffsicher einzuschätzen, und bedürfen daher der Instruktion durch die Lehrkraft.

Zweitens gilt der geschilderte Effekt auch an Universitäten und Hochschulen, wo es insgesamt aber nicht besser aussieht. Studierende haben heute vielfach völlige Freiheit. Sie entscheiden, wann sie kommen und wann sie gehen. Anwesenheitslisten sind verpönt, meist sogar verboten. Und Prüfungen können häufig so oft geschrieben werden, bis die Prüfung bestanden ist oder die Note endlich passt.[206]

All diese Exzesse sind die Folge einer falsch verstandenen Selbstbestimmung, die bereits Platon in seiner *Politeia* (*Der Staat*) kritisiert:[207] Wenn der Vater sich vor dem Sohn fürchtet und der Sohn den Vater spielt, wenn Lehrer Angst vor Schülern haben und Schüler Lehrerinnen diktieren, was zu tun ist, wenn also Abhängige ebenso frei sind wie diejenigen, von denen sie abhängig sind, dann degeneriert Freiheit zu Beliebigkeit, weil keine Grenzen mehr gesetzt sind. Freiheit braucht aber Grenzen. Ist es im Fall des gesellschaftlichen Miteinanders die Würde des Menschen, die als universale Grenze fungiert, so ist es im pädagogischen Kontext die Verantwortung der älteren Generation gegenüber der jüngeren.

Die weiter oben bereits angesprochene Selbstbestimmungstheorie,[208] wonach die Lernmotivation umso größer ist, je autonomer, sozial eingebundener und herausfordernder die Lernsituation ist, bestätigt dies. Denn sie zeigt, dass es genau diesen pädagogisch wirksamen Rahmen braucht, damit Lernen erfolgreich ist. Mit Immanuel Kants Worten gesprochen: Freiheit und Zwang sind grundlegende Pole der Pädagogik. Werden sie verkannt oder gar ignoriert, ist es das Ende der Pädagogik.

In der Konsequenz muss eine Schule der Zukunft stärker als bisher auf diese Selbstbestimmung fokussieren, ohne dabei die wichtigen Gegenpole der Mit- und Fremdbestimmung aus den Augen zu verlieren. Je besser es Lernenden gelingt, ihre Autorschaft des Lebens in die eigenen Hände zu nehmen, desto wirksamer bilden sie sich und desto selbstwirksamer erfahren sie sich in ihrem Leben. Mehr als bisher sind daher auch Verfahren in Schulen und Unterricht notwendig, die das fordern und fördern. Dazu bedarf es Lernstrategien, sie befassen sich mit Fragen wie: Wie lerne ich effektiv? Wann und wie oft muss ich einen Inhalt wiederholen? Wie fasse ich Texte zusammen? Woran erkenne ich in einem Text das Wichtigste? Wie recherchiere ich? Wann kann ich mir über die Quelle sicher sein? Solche Lernstrategien stehen bis heute nicht im Zentrum schulischer Bildung – und an Hochschulen wundern sich Dozentinnen und Dozenten, dass keiner mehr längere Texte erschließen kann. Nachdenken, kritisch und dabei konstruktiv sein, den Mut haben, nachzufragen und es immer und immer wieder zu versuchen, auch wenn Rückschläge, Umwege, Irrwege den Lernprozess immer wieder einmal ausbremsen. Infolgedessen sind curriculare Strukturen notwendig, die sicherstellen, dass über die unterschiedlichen Jahrgangsstufen hinweg diverse Lernstrategien erworben werden. Dabei ist wichtig zu beachten: Lernstrategien können nicht fachfrei vermittelt werden. Sie müssen an möglichst viele Fächer geknüpft sein, um nachhaltig wirken zu können. Leider wird das häufig falsch gemacht. Beim Schwimmen ist es ähnlich: Trockenschwimmen funktioniert auch nicht.

Diese Bildungsaspekte sind nicht nur förderlich für das Lernen in den einzelnen Fächern. Sie sind zudem wesentlich für unser wichtigstes Gut:[209] die Demokratie. Sie mag zwar keine fehlerfreie Staatsform sein, aber doch diejenige, die dem Menschen in seiner Würde, seiner Freiheit, seiner Gleichheit und seiner kollektiven Selbstbestimmung am besten gerecht wird. Daher ist Demokratie nicht nur eine Staatsform, sondern auch eine Lebensform. Der Mensch ist immerzu ein soziales Wesen und eingebunden in seine Mit- und Umwelt. Er lebt vom Austausch, von der Diskussion und von der Debatte. Nur auf diesem Weg kann er der Wahrheit näherkommen, und nur auf diesem Weg kann er die Autorschaft seines Lebens umsetzen. Der Mensch braucht das Du, um sich selbst zu erkennen.

Demokratie lebt vom Austausch, von der Diskussion und von der Debatte. Eine Schule in der Demokratie muss daher stets eine demokratische Schule sein. Geradezu naiv ist der Glaube, allein am Alter die Demokratiefähigkeit festzumachen, wie es in der Debatte um das Wahlrecht ab 16 beziehungsweise 18 passiert. Demokratiefähigkeit bedarf der Förderung, die am besten schon frühzeitig in der Schule angeboten werden sollte. Denn Schule ist neben der Familie die wichtigste gesamtgesellschaftliche Institution – und manchmal sogar die einzige mit einem klaren Wertekompass.

Wie bedenklich ist es vor diesem Hintergrund, wenn sich die allermeisten Erwachsenen an die Klassensprecherwahl als das einzige demokratische Element in der Schule erinnern! Angesichts der zahlreichen Herausforderungen in der Welt heute ist es an der Zeit, Schule mit demokratischen Lebensformen zu durchdringen. Drei Forderungen leiten sich aus unserer Sicht aus dem Gesagten ab:[210]

Erstens bedarf es schulorganisatorischer Strukturen, die zu einer Demokratie passen. Diesen Gedanken hat der bereits erwähnte John Dewey eindringlich formuliert und unter dem Begriff »embryonic society« entfaltet. Schule muss Möglichkeiten und Grenzen der Demokratie sichtbar machen, zu einem demokratischen Lebensraum werden. Kinder und Jugendliche müssen in der Schule erfahren und lernen, was Demokratie bedeutet, müssen gehört werden, sich äußern und mitgestalten können. Um an dieser Stelle keiner Utopie zu erliegen: Mitbestimmung ist von Selbstbestimmung zu unterscheiden. So wichtig und sinnvoll es ist, alle Mitglieder der Schule in Entscheidungen einzubeziehen: Mitbestimmung ist aus demokratietheoretischer Sicht als kollektive Selbstbestimmung zu verstehen, und als solche muss sie die Freiheit und die Gleichheit aller achten. Klassische Instrumente in diesem Kontext sind unter anderem Klassensprecherwahl, Klassenräte, Schülerparlamente, Schülerzeitung, Schülerradio und Schulvollversammlungen. Sie ermöglichen in besonderer Weise eine Feedbackkultur, die nicht nur auf struktureller Ebene verankert werden, sondern im Unterricht tagtäglich gelebt werden muss – durch Feedback von der Lehrkraft an die Schüler, aber auch von den Schülern an die Lehrkraft.

Sodann ist zweitens auf unterrichtlicher Ebene gefordert, aktuelle Themen aufzugreifen. Dass Kinder und Jugendliche immer noch auf der Straße mehr über Nachhaltigkeit lernen, ist angesichts der Tragweite dieses Themas ein Armutszeugnis. Aber wie können solche Probleme in Anbetracht gut gefüllter Lehrpläne in der Schule berücksichtigt werden? Eine Lehrplanreform, die durch Streichung und Straffung von Lerninhalten Freiräume schafft und durch Neugewichtung ein humaneres Bildungsverständnis ermöglicht, ist überfällig. So könnten Zeiten und Räume geschaffen werden, um aktuelle Fragestellungen zu behandeln. Der Epochenunterricht ist hierfür das Mittel der Wahl. Er hat seine Wurzeln in der Reformpädagogik und wurde auch von Wolfgang Klafki als ein Weg für die Behandlung von epochentypischen Schlüsselproblemen gesehen. Als solche definiert er gesamtgesellschaftliche Herausforderungen, die brandaktuell, weltweit von Bedeutung, historisch gewachsen und nur interdisziplinär zu lösen sind. Bisherige Lehrpläne lassen dafür keinen Raum, verfallen vielmehr in eine Präambel-Lyrik, in der alle drängenden Fragen der Zeit irgendwie und sehr allgemein formuliert enthalten sind. Damit wirken sie auf Kinder und Jugendliche lebensfremd. Die Vorteile des Epochenunterrichts liegen auf der Hand: Er sichert Lebensweltbezug, schafft Räume für interdisziplinäres Denken, fordert soziales Lernen, setzt demokratische Prinzipien um und gibt Zeit für Diskussionen. Mit ihm als Organisationsplattform lässt sich eine Lehrplanreform im dargelegten Verständnis umsetzen, und es wäre damit sichergestellt, dass Strukturmaßnahmen bis auf die Ebene der Interaktionen in den Klassenzimmern wirken.

Ein weiteres Beispiel für eine unterrichtliche Maßnahme ist »Lernen durch Engagement«.[211] Dabei sind Schülerinnen und Schüler in außerschulischen Kontexten aktiv und bringen sich in gemeinnützigen Projekten ein. Diese können je nach Interesse in sozialen, ökologischen, politischen oder kulturellen Bereichen angesiedelt sein. Beispiele hierfür sind eine Fahrradwerkstatt, die Durchführung eines Informationstages für eine anstehende Wahl oder Seniorenkurse zum Umgang mit Smartphones. Dieser Ansatz hat als »Service Learning« seinen Ursprung in den USA, wo es als Unterrichtsmethode entwickelt und teilweise als fester

Bestandteil in die Curricula integriert wurde. Auch in Deutschland hat dieser Ansatz Anklang gefunden. So gibt es bereits ein Netzwerk, von der Grundschule bis zur Hochschule, das die Aktivitäten in den einzelnen Bundesländern koordiniert. Auch hier weisen Studien darauf hin, dass Lernende auf mindestens fünf Ebenen profitieren können: Einstellungen zu sich selbst, Einstellungen zur Schule und zum Lernen, bürgerschaftliches Engagement, soziale Kompetenzen und schulische Leistungen. Die Wirksamkeit hängt von bestimmten Merkmalen ab, vor allem von der Verknüpfung mit dem Lehrplan, der Mitsprache der Schüler, der Einbeziehung des Umfeldes und der Evaluation der Maßnahmen. Vor diesem Hintergrund ist »Lernen durch Engagement« ein vielversprechender Ansatz, der nicht nur für die schulischen Leistungen geeignet erscheint, sondern auch für den allgemeinen Bildungs- und Erziehungsauftrag der Schule.

Und schließlich bieten sich drittens – vor allem im skizzierten Epochenunterricht – Dilemmadiskussionen an.[212] Sie sind eine der wenigen Unterrichtsmethoden, die umfassend wirken und große Wirkung haben. Dabei geht es nicht nur um das Vertreten der eigenen Position, sondern auch um das Verstehen der Meinung von anderen, ja sogar das Formulieren von Gegenargumenten. Damit wird ein Perspektivwechsel zum Unterrichtsprinzip, der grundlegend für eine Demokratie ist.

Bei einem Dilemma handelt es sich um einen Konflikt zwischen zwei Werten, die man beide normalerweise nicht verletzen würde. Das klassische Beispiel hierfür ist das sogenannte Heinz-Dilemma, das auf Lawrence Kohlberg zurückgeht:[213] Die Frau von Heinz ist schwer erkrankt. Es gibt nur ein Medikament, das helfen kann, aber sehr teuer ist. Trotz aller Bemühungen schafft es Heinz nicht, das Geld zusammenzubekommen, sodass er entweder zusehen muss, wie seine Frau stirbt, oder das Medikament stiehlt. Was also soll Heinz tun?

Mit der Methode der Dilemmadiskussion im Unterricht sollen solche Zwangslagen diskutiert werden. Dabei geht es in erster Linie darum, die moralische Urteilsfähigkeit der Schülerinnen und Schüler zu schulen, weniger darum, gemeinsam eine abschließende moralische Entscheidung zu treffen. Hierfür haben sich in der Forschung folgende Phasen als wirksam erwiesen:[214]

Erstens: Präsentation des moralischen Dilemmas. Die Teilnehmenden sollen das Dilemma gedanklich erfassen und es in eigenen Worten wiedergeben können. Zweitens: Standortbestimmung. Die Teilnehmenden sollen Stellung zum Dilemma beziehen und ihren Standpunkt gegenüber der Gruppe vertreten können. Das Ergebnis dieser Standortbestimmung wird an der Tafel festgehalten. Drittens: argumentative Auseinandersetzung mit dem moralischen Dilemma. Die Teilnehmenden werden gemäß der durchgeführten Standortbestimmung in mindestens eine Pro- und eine Kontra-Gruppe aufgeteilt. In den Gruppen haben sie die Aufgabe, Argumente und Begründungen für ihren Standpunkt auszuarbeiten und sich für die drei überzeugendsten Argumente zu entscheiden. Viertens: erneute Standortbestimmung. Die diskutierten Argumente werden in diesem Schritt präsentiert und durch die Teilnehmenden bewertet. Auch hier wird das Ergebnis der Bewertung an der Tafel notiert. Und fünftens: Reflexion In der abschließenden Reflexionsphase können die Teilnehmenden ihre Erfahrungen aus der Dilemmadiskussion artikulieren. Die Differenz zwischen der ersten und zweiten Standortbestimmung regt dabei zu Äußerungen und Reflexionen an.

Alles in allem zeigt sich, dass eine Schule der Zukunft die Schülerinnen und Schüler aus der Rolle des Reagierens herausholen und sie stärker zu Akteuren ihres Lernens und ihrer Bildung machen muss. Dieser Rollenwechsel sollte sich über alle Ebenen erstrecken – von der kleinsten Interaktion bis zu größeren organisatorischen Fragen.

Den Bezugspunkt Demokratie hätten wohl die wenigsten spontan mit Schule verbunden. Dabei ist es heute wichtiger denn je, in einer demokratisch verfassten Gesellschaft das Austragen von Meinungsverschiedenheiten einzuüben. Der Umstand, dass sich ein nicht unerheblicher Teil der Bevölkerung von demokratiefeindlichen Gruppierungen angezogen fühlt, hat auch damit zu tun. Warum versprechen sich so viele Menschen von autoritären Politikern und Ideologien die Lösung vieler Probleme unserer Zeit? Populisten sind geprägt von einfachen Lösungen. Ihre Parolen gleichen den Schlagzeilen der Boulevardpresse. Das mühsame Erlangen einer gemeinsamen Haltung, erworben durch argumentative Auseinandersetzung und anschließende Kompromisssuche, steht nicht auf der Agenda von radikalen Gruppen. Sie wollen vielmehr eine Meinung durchsetzen, auch wenn sie noch so absurd ist, oder sich an haarsträubenden Verschwörungstheorien und nachgewiesenen Falschmeldungen orientieren. Für diese Feinde der Demokratie zählt nur der blanke Hass auf ihre Gegner. Ihnen ist jedes Mittel recht. Sie geben vor, die Weisheit für sich gepachtet zu haben, alle anderen haben in ihren Augen unrecht.

Schule als Vorbereitung auf das Leben, die widerspenstige Wirklichkeit, die komplexe Realität, in der einfache Lösungen fast immer falsch sind, kann hier ganz wichtige Weichenstellungen geben. Wenn junge Menschen erfahren, dass es sich lohnt, im Gespräch und in Diskussionen Meinungen auszutauschen, andere Perspektiven kennenzulernen, und man trotzdem zu einer Einigung kommen kann, dann hat das eine nachhaltige Wirkung.

Für eine Demokratie braucht es gefestigte Persönlichkeiten, die den Wert demokratisch erworbener Entscheidungen zu würdigen wissen. Und sie wissen ihn zu würdigen, weil sie am demokratischen Meinungsbildungsprozess aktiv teilgenommen haben.

Sie waren dabei, sind nicht »abgehängt worden«, haben ihre Position vertreten, sind gehört worden. Womöglich hat sich die Mehrheit anders entschieden. Aber sie haben gelernt, eine solche Entscheidung trotzdem zu akzeptieren, weil immer die Gemeinsamkeit der Beteiligten im Vordergrund steht. Das ist die Voraussetzung dafür, dass sich Regierungen mit unterschiedlichen politischen Akteuren abwechseln können, ohne dass dabei die Demokratie und die im Grundgesetz verankerten Werte und Normen Schaden nehmen.

Eine gute Schule kann einen entscheidenden Beitrag leisten, um junge Menschen zu wirklichen Demokratinnen und Demokraten zu erziehen. Sie ist die zentrale Institution, die wir als demokratische Gesellschaft mit den entsprechenden Normen, Werten und Verfahren erfüllen müssen und als Übungsplatz für den »Ernstfall« verstehen sollten. Vergessen wir niemals: Die Weimarer Republik ist den Nazis zum Opfer gefallen, weil es nicht genügend Demokratinnen und Demokraten gab. Das darf uns nie wieder passieren. Und dagegen gilt es bereits in der Schule Vorsorge zu treffen.

PÄDAGOGISCHE ZEITENWENDE

Zu Beginn unseres Buches haben wir eine ehrliche Diagnose gestellt und aufgezeigt, was in unserem Bildungssystem alles nicht gut läuft. So schmerzhaft dieser Blick ist, er ist notwendig und hat nichts mit apokalyptischem Denken zu tun. Erst wenn wir erkennen, woran es hapert, können wir gegensteuern. Die Parallelen zur ökologischen Klimakrise waren so vielfältig, dass wir in Anlehnung an Sir Ken Robinson von einer »pädagogischen Klimakrise« gesprochen haben.[215]

Die entscheidende Schlussfolgerung folgt nun an dieser Stelle, in unserem letzten Kapitel: Diese pädagogische Klimakrise lässt sich ebenso bewältigen wie die ökologische Klimakrise! Zu Beginn des 21. Jahrhunderts haben wir Menschen nicht nur das nötige Wissen, sondern auch die nötigen Instrumente. Aber auch hier gilt: Es ist Zeit zu handeln, im Großen wie im Kleinen. Wir glauben fest daran, dass Menschen die Welt verändern können.

Dafür braucht es neben einer kompetenten Bildungsverwaltung, einem qualifizierten Lehrpersonal, motivierten Schülerinnen und Schülern, engagierten Eltern und modernen Schulhäusern vor allem eine Vision davon, was Schule in Zukunft leisten soll und kann. Wir brauchen also eine Bildungsvision für das nächste Jahrzehnt. Aus unseren Ausführungen in diesem Buch ergeben sich sieben Kernthesen, die sich auf die wichtigsten Felder der Schule beziehen: Lehrpläne, Eltern, Schüler, Lehrer, Unterricht, Schule und Schulsystem.

1. Unsere Vision von Lehrplänen erfordert eine grundlegende Reform, bei der einerseits neu gewichtet und andererseits entrümpelt wird. In den aktuellen Lehrplänen steht zu viel, was fachlich durchaus bedeutsam ist, aber keinen Sinn für die Schülerinnen und Schüler hat und einseitig auf die Kognition des Menschen fokussiert, nicht den Menschen als Ganzes anspricht. All dies erfolgt noch dazu im Rahmen einer verkürzenden, nicht angemessenen Kompetenzorientierung. Deshalb plädieren wir für eine Rückbesinnung auf Bildung und ihre zeitgemäße Neubestimmung in Lehrplänen.
2. Unsere Vision vom Schulsystem wird getragen von der Erkenntnis, dass Menschen entscheiden, wie Schulsysteme wirken. Ohne diesen jeglichen Einfluss absprechen zu wollen, sind wir der Auffassung, dass die Qualität wichtiger ist als die Struktur. Daraus leiten sich zwei Grundprinzipien ab, die stärker als bisher beachtet werden müssen: Das Schulsystem muss inklusiv und gerecht sein.
3. Unsere Vision von Lehrerinnen und Lehrern spricht diesen nicht nur ein hohes Maß an Fachkompetenz zu, sondern ebenso Expertise in der Pädagogik und der Didaktik. Damit verbindet sich eine Haltung, den Schülerinnen und Schülern nicht nur Wissen und Können zu vermitteln, sondern alle Bereiche ihrer Persönlichkeit zu fördern. Lehrer sind dann mehr als Lernbegleiter, sie bringen sich immer dann ein, wenn es nötig ist. Sie ziehen sich aber auch immer dann zurück, wenn es möglich ist. So sehen wir Lehrer als Bildungsagenten, die Schüler immer und immer wieder motivieren und anregen, die sich mit Kollegen austauschen, die die Fehler ihrer Schüler und die eigenen als Chance begreifen – und die nie aufhören, mit Schülern neue und andere Wege zu gehen. Kein Kind wird von Lehrern zurückgelassen.

4. Unsere Vision von Unterricht sieht wertschätzende und sinnvolle Interaktionen vor, die einerseits fachliche Tiefe garantieren und andererseits fest in der Lebenswelt der Kinder und Jugendlichen verankert sind. Ein Unterricht, der nur das abhakt, was in den Lehrplänen steht, oder das abarbeitet, was sich im Schulbuch wiederfindet, ist damit nicht vereinbar. In diesem Lehr-Lern-Prozess gibt es Möglichkeiten der Selbst- und Mitbestimmung, welche die Bedeutung einer Fremdbestimmung im pädagogischen Kontext nicht negieren. Freiheit und Zwang sind beständige Pole des Unterrichts – Unterricht ohne Erziehung ist nicht denkbar.[216] Insofern geht es im Unterricht nicht nur um eine Kompetenzvermittlung, sondern immer auch um Werteerziehung. Im Unterricht steht immer der ganze Mensch mit all seinen Möglichkeiten im Mittelpunkt. Neben Kognition sind daher vor allem Motivation, Emotion, Gemeinschaft, Spiritualität und Kreativität zu nennen. Unterricht muss Freude bereiten.
5. Unsere Vision von Schule fußt auf der Einschätzung, dass Schulen neben Familien die wichtigste gesellschaftliche Institution sind. Sie sind Orte des lebenslangen Lernens, Orte der Bildung und Orte der Demokratie. Schule beginnt und endet nicht an den Schultoren, sondern sie öffnet sich auf vielfältige Weise gegenüber den Familien, der Umgebung, der Region. Ohne Schulleitungen, die für sich den Anspruch erheben, Schulen nicht nur zu verwalten, sondern auch und vor allem zu gestalten, geht das nicht. Sie entscheiden darüber, welche Kultur des Lernens und welches pädagogische Klima an der Schule herrscht. Digitalisierung ist wichtig und muss Eingang finden in die Schulen, aber immer muss dabei der Fokus auf die Schülerinnen und Schüler ausgerichtet sein. Insofern brauchen wir im Zeitalter der Digitalisierung eine humane Schule, um die Möglichkeiten von digitalen Medien zu

nutzen und gleichzeitig die damit verbundenen Risiken zu minimieren. Gerade bei der Digitalisierung benötigen Kinder und Jugendliche Regeln und Kontrolle, Begleitung und Anregung, damit sie medienmündig werden. Fehler sind auf allen Ebenen willkommen, weil wir aus ihnen lernen, und im Kollegium bestimmt der Glaube das Geschehen, dass man im Team mehr erreichen kann als alleine.

6. Unsere Vision von Schülerinnen und Schülern sind junge Menschen, die begeisterungsfähig, wissbegierig und engagiert sind. Keine Generation ist verloren, in jeder steckt enormes menschliches Potenzial. Dabei kommt es vor allem darauf an, jede Generation mit ihren Möglichkeiten und ihren Herausforderungen ernst zu nehmen.
7. In unserer Vision sind Eltern kooperative, engagierte, besonnene und autoritative Erwachsene. Ihnen ist der Einfluss, den sie auf ihre Kinder haben, bewusst, und sie nehmen die Verantwortung und Herausforderung der Erziehung an. Erziehung ist kein leichtes Geschäft, sondern erfordert immer wieder Austausch und Kooperation. Fortschritte werden dabei immer wieder von Rückschlägen unterbrochen. Eltern glauben an ihre Kinder, sind bereit, sich zu hinterfragen und mit anderen Bildungseinrichtungen, vor allem den Schulen, zu kooperieren. Sie setzen Grenzen und geben Freiräume, sie schenken Vertrauen und fordern Leistung.

Was folgt aus dem Gesagten für die Schule als wichtigste gesellschaftliche Institution für junge Menschen? Wir geben zum Schluss eine einfache Antwort: Schule muss Freude bereiten. Kennzeichnend für Freude sind gute Gründe, Gestaltung, Gelingen, Gefühle und Gemeinschaft.[217] Was bedeutet das im Einzelnen?

Schule als Ort der Freude braucht Gründe: Lernen heute vollzieht sich häufig ohne nachvollziehbaren Sinn für Kinder und

Jugendliche. Warum soll sich beispielsweise ein Abiturient aus Bayern alle Namen der Halligen merken? Warum wird von jungen Menschen verlangt, dass sie die genaue Anzahl der Wirbelkörper benennen können? Und warum ist es bedeutsam zu wissen, aus wie vielen einzelnen Büchern die Bibel besteht? Wenn Schule diese Fragen nicht beantworten kann, dann schafft sie es nicht, dass Lernen zu Bildung wird. Zwar kann sich ein Mensch auch ohne Antworten auf diese Fragen Wissen aneignen, aber dieses Wissen wird ihn nicht als Menschen verändern, weil es ihn nicht berührt. Es nimmt folglich keinen Einfluss auf sein Denken, Handeln und Fühlen. Für die Prüfung mag es relevant sein, aber nach der Prüfung wird es schnell wieder vergessen sein. Schule heute muss also mehr als bisher die Frage nach dem Sinn des Lernens nicht nur zulassen, sondern in den Mittelpunkt rücken.

Schule als Ort der Freude braucht Gefühle: Lernen heute vollzieht sich häufig ohne die Einbindung der Emotionalität von Kindern und Jugendlichen. Wissen wird häufig als Wissen vermittelt, das in Büchern steht. Im Unterricht wird nur selten deutlich gemacht, was dieses Wissen mit den Schülern zu tun hat. Fast jeder kennt aus seiner Schulzeit das Buch-Seite-Aufgabe-Spiel: Der Lehrer betritt das Klassenzimmer, das Schulbuch wird dort aufgeschlagen, wo man in der letzten Stunde aufgehört hatte, und man macht dort einfach weiter … Auch heute ist dieses Vorgehen keine Seltenheit, und Lernende fragen sich berechtigterweise: Warum soll ich das lernen? Was hat das Ganze mit mir zu tun? Wenn Lernen für Kinder und Jugendliche keinen Sinn ergibt, dann werden sie davon nicht berührt, und die Emotionalität bleibt außen vor. Aber ohne Emotionalität kann keine Freude entstehen. Hinzu kommt, dass Schule immer stärker auf das Lernen reduziert wird. Feste und Feiern spielen sich am Rand des Schullebens ab. Der Lehrplan ist zu voll, und es bleibt keine

Zeit mehr, so ist zu vernehmen, das pädagogische Klima in Richtung Lebensfreude zu entwickeln. Regelmäßige Klassenfahrten, die Leben und Lernen verbinden, könnten hier Abhilfe schaffen, werden aber immer seltener durchgeführt. Jugendliche, deren Eltern zu arm sind, um verreisen zu können, kommen überhaupt nicht mehr weg, wenn es keine Klassenfahrten mehr gibt. Dass aber der Mensch auf Reisen sich erkennt und dadurch Freude erfährt, ist nicht erst seit Goethe bekannt. So bleibt für viele Absolventen als einzige positive Erinnerung an die Schule die Abschlussfahrt, auf der in Kompensation zum erlebten Schulelend nicht selten über die Stränge geschlagen wird. Schule heute muss also mehr als bisher die Emotionalität von Kindern und Jugendlichen berücksichtigen – in unterrichtlichen und außerunterrichtlichen Aktivitäten.

Schule als Ort der Freude braucht Gestaltung: Lernen heute vollzieht sich häufig in einer Empfängerrolle. Schüler hören zu und führen aus, was der Lehrer vorträgt. Vielfach wird daraus gefolgert, dass Schülerinnen und Schüler nur passiv seien. Dies ist aber insofern falsch, als sowohl Zuhören als auch Ausführen Aktivitäten sind – und gerade das Zuhören ist eine der wichtigsten Kompetenzen des Menschen. Womit Kritiker recht haben, ist der Mangel an Gestaltung bei diesem Lernen. Sicherlich lernen Kinder und Jugendliche im Lauf ihres Lebens vieles durch Nachahmen, und selbst der erwachsene Mensch tut dies. Doch der Mensch bleibt beim Nachahmen nicht stehen: Er probiert aus, variiert das Gehörte, sucht neue Wege und ist kreativ. Das Wort »Bewegungsfreude« bringt präzise auf den Punkt, wenn Kinder und Jugendliche beim Spielen ihrem motorischen Erfindergeist freien Lauf lassen. Ohne diese Möglichkeiten verkümmert die Neugierde der Schülerinnen und Schüler und damit auch ihre Kreativität. Ein Lernen, das nur aus Zuhören und Ausführen besteht, wird dem Menschen nicht gerecht und ist letztlich auch inhuman. Schule heute muss also mehr als bisher die musischen Bereiche ins Zentrum rücken. Kunst, Musik und Sport gehören in den Mittelpunkt von Schule, weil sie Gestaltungszeiten und -räume liefern, in denen Freude entstehen kann.

Schule als Ort der Freude braucht Gelingen: Lernen heute vollzieht sich häufig in Bahnen des Reproduzierens von Wissen. Auch das ist eine Form des Gelingens: Die Lehrkraft stellt den Schülerinnen und Schülern eine Frage, und diese geben die richtige Antwort. Dieses Frage-Antwort-Spiel ist uns allen bekannt, und manchmal ist es auch zufriedenstellend. Aber zur Freude braucht es mehr. Denn für das Gelingen, wie es für Bildungsprozesse im Allgemeinen und für Freude im Besonderen gemeint ist, gehört eine Herausforderung, die den Menschen in all seinen Möglichkeiten anspricht. Denken Sie hier etwa an einen Konzertauftritt, der nach wochenlangem Üben ansteht. Denken Sie an ein Kleinkind, das seine ersten Schritte wagt und erfolgreich in die Hände der Eltern wackelt. Oder denken Sie an einen Wettkampf, auf den sich eine Mannschaft intensiv vorbereitet hat und in dem sie sich von Spiel zu Spiel steigert, bis sie immer besser zusammenfindet. Das sind Herausforderungen, wie sie der Flow-Effekt beschreibt: Ausgehend vom Leistungsniveau kommt es zu einer Passung mit der Aufgabenstellung, die den Menschen nicht nur kognitiv fordert, sondern immer auch motivational und emotional. Kleine Erfolge sind hier notwendig. Für die Entwicklung von Kindern und Jugendlichen ist es hinderlich, wenn es überhaupt keine Momente des Gelingens mehr gibt und sie immer nur scheitern. Das ist besonders wichtig bei den aktuellen Herausforderungen: Wer die ökologische Krise nur als Bedrohung erlebt und keine Erfahrungen macht, wie er selbst etwas dagegensetzen kann, der wird womöglich nur Angst und Ohnmacht spüren. Freude entsteht hier mit Sicherheit nicht. Für die Bewältigung der aktuellen Herausforderungen ist also wichtig:

Kinder und Jugendliche müssen erfahren, dass sie etwas tun können, dass sie erfolgreich agieren können. Damit wird beispielsweise das aufwendige Anlegen einer Insektenwiese, die auf das ökologische Klima zunächst kaum einen Einfluss hat, für das pädagogische Klima umso wichtiger. Schule heute muss also mehr Momente des Gelingens ermöglichen, die Kinder und Jugendliche umfassend herausfordern und sie kognitiv, emotional und motivational ansprechen.

Schule als Ort der Freude braucht Gemeinschaft: Lernen heute vollzieht sich häufig als Einzelleistung. Gerade in Prüfungen wird das sichtbar: Immer ist der Einzelne gefordert. Dies ist nicht nur vor dem Hintergrund abwegig, dass im späteren Leben in allen Bereichen Kooperation notwendig ist, sondern auch angesichts der Bedeutung von Gemeinschaft für Bildung und Lernen. Gemeinschaft ist die Grundlage dafür, dass sich der Mensch entfalten kann. Damit ist nicht gemeint, dass alle Schülerinnen und Schüler immerzu dasselbe machen müssen und der Gruppenfokus über allem anderen steht. Das wäre ebenso verkürzend wie die überzogene Feier der Individualität eines jeden Menschen. Vielmehr ist ein Ausbalancieren zwischen beiden Polen nötig. Die Gemeinschaft ist ebenso wichtig wie die Einzelleistung und der damit verbundene Wettbewerb, beides kann in gleichem Ausmaß bildungswirksam sein. Infolgedessen sind beide Konzepte nicht als Gegensätze zu sehen, sondern sie ergänzen sich und ermöglichen mehr Freude in der Schule. Dies gelingt beispielsweise über Projekte, die aus der Lebenswelt der Kinder und Jugendlichen stammen und dadurch sinnstiftend und emotional ansprechend sind. In solchen Projekten wirken beide Perspektiven zusammen, die Leistung des Einzelnen in der Gruppe – denn keiner bewältigt die Aufgabe eines Projektes allein, doch ohne den Einzelnen ist Erfolg nicht möglich. Schule heute muss also mehr als bisher die Gemeinschaft fördern – weg vom Einzelkämpfer und hin zum Teamspieler.

Wenn in der Schule die skizzierten Veränderungen umgesetzt werden, dann wird Schule neu gedacht. Sie wandelt sich damit von einem Lernort zu einem Bildungsraum. In dessen Zentrum steht die Freude, weil es bewusste und vielfältige Gründe für das Lernen gibt, weil Inhalte sinnstiftend vermittelt werden und die Schüler emotional berühren, weil Momente des Gelingens immer den ganzen Menschen mit all seinen Möglichkeiten ansprechen und die Gemeinschaft der Schülerinnen und Schüler nicht nur auf dem Pausenhof oder vor den Schultoren Bedeutung erhält, sondern auch in den Klassenzimmern.

Wenn sich in Zukunft möglichst viele Schülerinnen und Schüler mit Freude und Stolz an ihre Schulzeit erinnern, wenn bei zukünftigen Klassentreffen Lehrkräften gedankt wird für ihre Großzügigkeit und ihre Strenge, wenn Eltern auch später die Lehrerinnen und Lehrer ihrer Kinder lachend begrüßen und man sich gegenseitig dankt, wenn Schule ein Ort der Freude und damit zusammen mit der Familie der wichtigste Bildungsort geworden ist, dann muss uns allen um unsere Zukunft nicht bange sein.

ANMERKUNGEN

1 Siehe hierzu die Statistiken auf https://de.statista.com/statistik/daten/studie/1367374/umfrage/schueler-lehrkraft-relation-nach-schularten/ und www.destatis.de/DE/Presse/Pressemitteilungen/2023/12/PD23_478_21711.html (abgerufen am 27.01.2024). Vgl. Statistisches Bundesamt (Hrsg.): *Bildungsfinanzbericht*, Wiesbaden 2023, und Autorengruppe Bildungsberichterstattung: *Bildung in Deutschland 2022*, Bielefeld 2022.

2 Vgl. Zierer, Klaus: *Ein Jahr zum Vergessen – Wie wir die Bildungskatastrophe nach Corona verhindern*, Herder 2021, S. 25–43.

3 www.kmk.org/aktuelles/artikelansicht/swk-empfiehlt-konzentration-auf-basale-kompetenzen-in-der-grundschule.html (abgerufen am 27.01.2024).

4 Vgl. www.oecd.org/pisa/data/2018database/ (abgerufen am 27.01.2024) und dazu Hattie, John: *Visible Learning – The Sequel*, New York 2023, S. 184 f.

5 Vgl. www.ted.com/talks/sir_ken_robinson_do_schools_kill_creativity?referrer=playlist-the_most_popular_ted_talks_of_all_time&autoplay=true (abgerufen am 27.01.2024) und dazu Robinson, Ken: *You, Your Child, and School. Navigate Your Way to the Best Education*, New York 2018.

6 Vgl. Storm, Andreas (Hrsg.): *Kinder- und Jugendreport 2018*, Hamburg 2018.

7 Vgl. www.sueddeutsche.de/bildung/schule-immer-mehr-schueler-leiden-unter-psychischen-erkrankungen-1.4183166 (abgerufen am 27.01.2024).

8 Vollmer, Gerhard: »Wir irren uns empor. Zum Tode des Philosophen Karl Raimund Popper«, in: *Skeptiker*, 1995, Heft 1, S. 4–6.

9 Vgl. https://www.pisa.tum.de/fileadmin/w00bgi/www/Berichtsbaende_und_Zusammenfassungungen/pisa-2022-nationaler-bericht-berichtsband.pdf (abgerufen am 31.01.2024).

10 Saint-Exupéry, Antoine: *Der kleine Prinz*, Köln 2015, S. 83.

11 Humboldt, Wilhelm von: *Ideen zu einem Versuch, die Grenzen der Wirksamkeit des Staats zu bestimmen*, Breslau 1792, S. 9.

12 Herbart, Johann Friedrich: *Umriss pädagogischer Vorlesungen*, Paderborn 1835, § 58.

13 Vgl. Gardner, Howard: *Frames of Mind – The Theory of Multiple Intelligences*, New York 1983.

14 Vgl. Müller, Max: »Bildung«, in: Görres-Gesellschaft (Hrsg.): *Staatslexikon*, 2. Band, Freiburg 1958, S. 25.

15 Kästner, Erich: »Ansprache zum Schulbeginn«, in: *Gesammelte Schriften für Erwachsene*, Band 7, München 1969, S. 183.

16 Vgl. www.zeit.de/2021/41/bildung-deutschland-pisa-studie-bildungspolitik-ludger-woessmann-forschung (abgerufen am 31.01.2024).

17 Vgl. für die Grundschule Stanat, Petra et al. (Hrsg.): *IQB-Bildungstrend 2021*, Münster 2022, und für die weiterführenden Schulen Stanat, Petra et al. (Hrsg.): *IQB-Bildungstrend 2022*, Münster 2023.

18 Vgl. Klafki, Wolfgang: *Neue Studien zur Bildungstheorie und Didaktik*, Weinheim 1996, S. 251 f.

19 Im Englischen heißt es ARCS-Modell. Vgl. Keller, John: *Motivational Design for Learning and Performance – The ARCS Model Approach*, London 2010.

20 Juvenal, *Satire* 10, 356.

21 Vgl. zum Folgenden Zierer, Klaus: *Ein Jahr zum Vergessen* (2021), S. 21 f.

22 Vgl. www.stern.de/gesellschaft/kinder-das-land-der-nichtschwimmer-3854330.html (abgerufen am 28.03.2024).

23 Vgl. www.aerztezeitung.de/Medizin/Mehr-adipoese-Kinder-weniger-Therapiezentren-433892.html (abgerufen am 28.03.2024).

24 Vgl. www.bzga.de/aktuelles/2019-12-03-digitale-medien-mit-augenmass-nutzen/ (abgerufen am 07.02.2024).

25 Vgl. www.postbank.de/themenwelten/innovationen/so-lange-sind-jugendliche-online.html (abgerufen am 28.03.2024).

26 Vgl. Zierer, Klaus: *Ein Jahr zum Vergessen* (2021), S. 39 f.

27 Eigene Übersetzung, auf Englisch: »And I like university professors. But … there's something curious about professors in my experience – not all of them, but typically, they live in their heads. … They look upon their body as a form of transport for their heads.« Vgl. www.ted.com/talks/sir_ken_robinson_do_schools_kill_creativity?referrer=playlist-the_most_popular_ted_talks_of_all_time&autoplay=true (abgerufen am 27.01.2024).

28 »OECD Future of Education and Skills 2030 – OECD Learning Compass 2030 – A Series Of Concept Notes«, https://beta.oecd.org/content/dam/

oecd/en/about/projects/edu/education-2040/concept-notes/OECD_Learning_Compass_2030_concept_note.pdf (abgerufen am 27.01.2024).

29 Vgl. z. B. zu den USA https://world-schools.com/de/best-boarding-schools-in-usa/ (abgerufen am 28.03.2024).

30 Vgl. Zierer, Klaus: *Ein Jahr zum Vergessen* (2021), S. 14 f.

31 Zierer, Klaus: *Lernen 4.0 – Pädagogik vor Technik*, Hohengehren 2020, S. 141 f.

32 Vgl. Schaarschmidt, Uwe (Hrsg.): *Halbtagsjobber? Psychische Gesundheit im Lehrerberuf – Analyse eines veränderungsbedürftigen Zustandes*, Weinheim 2005.

33 Vgl. www.spiegel.de/politik/deutschland/gerhard-schroeder-ueber-lehrer-doch-keine-faulen-saecke-a-3231b394-af98-4ab7-8131-e08ac1557fe0 (abgerufen am 27.01.2024).

34 Vgl. Hattie, John: *Visible Learning – The Sequel* (2023), S. 213 f.

35 Vgl. Kirschner, Paul A., Sweller, John & Clark, Richard E.: »Why Minimal Guidance During Instruction Does Not Work – An Analysis of the Failure of Constructivist, Discovery, Problem-Based, Experiential, and Inquiry-Based Teaching«, in: *Educational Psychologist*, 41/2, 2006, S. 75–86.

36 Vgl. Kruger, Justin & Dunning, David: »Unskilled and Unaware of it – How Difficulties in Recognizing One's Own Incompetence Lead to Inflated Self-assessments«, in: *Journal of Personality and Social Psychology*, 77/6, 1999, S. 1121–1134.

37 Kruger, Justin & Dunning, David: »Unskilled and Unaware of it« (1999).

38 Platon: *Apologie des Sokrates*, 22d.

39 Russell, Bertrand: »The Triumph of Stupidity«, in: Ruja, Harry (Hrsg.): *Mortals and Others* – Volume II: *American Essays, 1931–1935*, New York 1998, S. 28. Eigene Übersetzung des Zitats, auf Englisch: »The fundamental cause of the trouble is that in the modern world the stupid are cocksure while the intelligent are full of doubt.«

40 Vgl. Hattie, John & Zierer, Klaus: *Kenne deinen Einfluss! »Visible Learning« für die Unterrichtspraxis*, Hohengehren 2021, S. 24 f.

41 Niemeyer, August Hermann: *Grundsätze der Erziehung und des Unterrichts für Eltern, Hauslehrer und Schulmänner*, Reutlingen 1832.

42 Vgl. Kramer, Rita: *Maria Montessori – Biographie*, Frankfurt 2004.

43 Hattie, John: *Lernen sichtbar machen für Lehrpersonen*, Hohengehren 2014.

44 Eigene Übersetzung des Songs »No Surrender«, im englischen Original: »We learned more from a three minute record, baby, than we ever learned in school.«

45 Vgl. Rutter, Michael et al.: *15 000 Stunden – Schulen und ihre Wirkung auf die Kinder*, Weilheim 1980.

46 Vgl. Sinek, Simon: *Start With Why – How Great Leaders Inspire Everyone to Take Action*, New York 2009.

47 Vgl. Gardner, Howard, Csikszentmihalyi, Mihaly & Damon, William: *Good Work*, Stuttgart 2005.

48 Vgl. Hattie, John & Zierer, Klaus: *Kenne deinen Einfluss!* (2021), und Hattie: *Visible Learning – The Sequel* (2023).

49 Vgl. Lesch, Harald & Forstner, Ursula: *Wie Bildung gelingt. Ein Gespräch. Die Ursachen der Bildungskrise und Impulse für eine Bildungsreform. Argumente für eine wichtige Gesellschaftsdebatte mit den Thesen von Alfred North Whitehead*, Stuttgart 2020, S. 129 f.

50 Vgl. Bill & Melinda Gates Foundation: »Learning about Teaching – MET Project«, https://usprogram.gatesfoundation.org/-/media/dataimport/resources/pdf/2016/12/preliminary-findings-research-paper.pdf?rev=3f154fb534cd4acd8aae83608dafda47&hash=4E838F73408B9EE69972C7C9F3FE8FBD (abgerufen am 27.01.2024).

51 Vgl. Watzlawick, Paul, Beavin, Janet H. & Jackson, Don D.: *Menschliche Kommunikation*, Bern 2017.

52 Vgl. www.bpb.de/die-bpb/ueber-uns/auftrag/51310/beutelsbacher-konsens/ (abgerufen am 27.01.2024).

53 Aristoteles, *Politik*, 1253a1–11.

54 Vgl. Hentig, Hartmut von: *Schule neu denken*, Weinheim 2012.

55 Vgl. Dewey, John: *The School and Society*, Chicago 1907, S. 44.

56 Zierer, Klaus: *Der Sokratische Eid*, Waxmann 2022, S. 9 f.

57 Im schulischen Kontext wird der Faktor »Kollektive Wirksamkeitserwartung« genannt, vgl. Hattie: *Visible Learning – The Sequel* (2023), S. 213 f.

58 Vgl. Aristoteles, *Metaphysik*, VII 17, 1041b.

59 Vgl. Ridley, Matt: *The Rational Optimist – How Prosperity Evolves*, New York 2010.

60 Vgl. Ridley, Matt:*The Rational Optimist* (2010).

61 Vgl. Hattie, John & Zierer, Klaus: *Kenne deinen Einfluss!* (2021), S. 191 f.

62 Vgl. Hattie, John & Zierer, Klaus: *Kenne deinen Einfluss!* (2021), S. 193 f.

63 Vgl. Hattie, John & Zierer, Klaus: *Visible Learning Unterrichtsplanung*, Hohengehren 2020.

64 Vgl. www.youtube.com/watch?v=7pl2CG2A3Kc (abgerufen am 28.03.2024).

65 Vgl. https://de.statista.com/statistik/daten/studie/476776/umfrage/allgemeinbildende-schulen-in-deutschland/ (abgerufen am 31.01.2024).

66 Vgl. Blatchford, Peter & Russell, Anthony: *Rethinking Class Size*, London 2020, S. 32 f., und Hattie, John: *Visible Learning – The Sequel* (2023), S. 184 f.

67 Saint-Exupéry, Antoine de: Der *kleine Prinz* (2015), S. 83.

68 Vgl. www.deutscher-schulpreis.de/sites/default/files/documents/2019-04/Plakat_DSP_Qualitaetsbereiche_final.pdf (abgerufen am 07.02.2024).

69 Vgl. www.digitalpaktschule.de/index.html (abgerufen am 07.02.2024).

70 Vgl. www.spiegel.de/panorama/bildung/digitalpakt-schule-nach-zweieinhalb-jahren-sind-nicht-einmal-zehn-prozent-der-gelder-angekommen-a-0accb6a3-0e17-4a9c-97a8-e03e83e5b955 (abgerufen am 07.02.2024).

71 Vgl. www.spiegel.de/panorama/bildung/bundesrechnungshof-fordert-ende-des-digitalpakts-schule-a-950541e6-b86e-4c2c-8f9a-57bca2d27bba (abgerufen am 07.02.2024).

72 Vgl. z. B. zu Schweden www.tagesschau.de/ausland/europa/schweden-schulen-buecher-100.html und zu Italien www.heise.de/news/Italien-Regierung-will-Smartphones-und-Tablets-aus-Schulen-verbannen-9636046.html (abgerufen am 28.03.2024).

73 Vgl. Zierer, Klaus: *Lernen 4.0* (2020), S. 13 f.

74 Vgl. Böttger, Tobias, Poschik, Michael & Zierer, Klaus: »Does the Brain Drain Effect Really Exist? A Meta-analysis«, in: *Behavioral Sciences*, 13/9, 2023, S. 751, https://doi.org/10.3390/bs13090751 (abgerufen am 01.02.2024).

75 Vgl. Mueller, Pam A. & Oppenheimer, Daniel M.: »The Pen is Mightier than the Keyboard – Advantages of Longhand Over Laptop Note Taking«, in: *Psychological Science*, 25/6, 2014, S. 1159–1168, und dazu die Meta-Analyse von Allen, Mike, LeFebvre, Luke, LeFebvre, Leah & Bourhis, John: »Is the Pencil Mightier than the Keyboard? A Meta-Analysis Comparing the Method of Notetaking Outcomes«, in: *Southern Communication Journal*, 85/3, 2020, S. 143–154, https://doi.org/10.1080/1041794X.2020.1764613 (abgerufen am 01.02.2024).

76 Vgl. Delgado, Paul, Vargas, Cristina, Ackerman, Rakefet & Salmer, Ladislao: »Don't Throw Away Your Printed Books – A Meta-analysis on the Effects of Reading Media on Reading Comprehension«, in: *Educational Research Review*, 25, 2018, S. 23–38.

77 Vgl. Zierer, Klaus: *Lernen 4.0* (2020), S. 149 f.

78 Vgl. Ebbinghaus, Hermann: *Über das Gedächtnis. Untersuchungen zur experimentellen Psychologie*, Leipzig 1885.

79 Vgl. Csikszentmihalyi, Mihaly: *Das flow-Erlebnis*, Stuttgart 2010.

80 Vgl. Defoe, Daniel: *Robinson Crusoe*, Stuttgart 2012.

81 Vgl. Kruger, Justin & Dunning, David: »Unskilled and Unaware of it« (1999).

82 Vgl. Hattie, John: *Lernen sichtbar machen* (2014), S. 24 f.

83 Vgl. Hattie, John & Zierer, Klaus: *Kenne deinen Einfluss!* (2021), S. 132 f.

84 Vgl. Zierer, Klaus: *Lernen 4.0* (2020), S. 155 f.

85 Goethe, Johann Wolfgang von: Maximen und Reflexionen, 91 (Original 1833), hier: S. 19. Reclam: Stuttgart, 2021.

86 Vgl. Zierer, Klaus: »Technik ist einer der grössten Treiber für mehr Bildungsungerechtigkeit – auch darum sind Chatbots keine Heilsbringer«, in: *Neue Zürcher Zeitung*, 17.04.2023, www.nzz.ch/meinung/technik-ist-einer-der-groessten-treiber-fuer-mehr-bildungsungerechtigkeit-darum-sind-auch-chatbots-keine-heilsbringer-ld.1725132 (abgerufen am 02.01.2024).

87 Vgl. Eickelmann, Birgit et al.: *ICILS 2018 #Deutschland. Computer- und informationsbezogene Kompetenzen von Schülerinnen und Schülern im zweiten internationalen Vergleich und Kompetenzen im Bereich Computational Thinking*, Münster 2019.

88 Vgl. Lesch, Harald & Forstner, Ursula: *Wie Bildung gelingt* (2020), und Nida-Rümelin, Julian & Zierer, Klaus: *Demokratie in die Köpfe! Warum sich unsere Zukunft in den Schulen entscheidet*, Stuttgart 2023, S. 93 f.

89 Vgl. Habermas, Jürgen: *Auch eine Geschichte der Philosophie – Band 1*, Berlin 2019, S. 13.

90 Vgl. Heidegger, Martin: *Die Frage nach der Technik*, Pfullingen 1954.

91 Vgl. Anders, Günther: *Die Antiquiertheit des Menschen*, München 1980, S. 43 f.

92 Vgl. Anders, Günther: *Die Antiquiertheit des Menschen* (1980), S. 27.

93 Anders, Günther: *Die Antiquiertheit des Menschen* (1980), S. 9.

94 Arendt, Hannah: *Vita activa*, München 2002, S. 10.

95 Goethe, Johann Wolfgang von: *Zur Farbenlehre*, Tübingen 1810, S. 914.

96 Vgl. Lesch, Harald & Kamphausen, Klaus: *Wenn nicht jetzt, wann dann*, München 2019, S. 13.

97 Vgl. Fend, Helmut: *Neue Theorie der Schule*, Wiesbaden 2008.

98 Vgl. Holler, Christian, Gaukel, Joachim, Lesch, Harald & Lesch, Florian: *Erneuerbare Energien zum Verstehen und Mitreden*, München 2021, und Lesch, Harald & Forstner, Ursula: *Wie Bildung gelingt* (2020).

99 Herbart, Johann Friedrich: *Umriss pädagogischer Vorlesungen* (1835), § 35.

100 Vgl. www.tagblatt.ch/leben/bildschirmfrei-ist-das-neue-bio-warum-die-programmierer-im-silicon-valley-ihre-kinder-computerfrei-erziehen-ld.1107643 (abgerufen am 02.02.2024).

101 Vgl. Zierer, Klaus: *Hattie für gestresste Lehrer 2.0*, Hohengehren 2023, S. 63 f.

102 Vgl. Zierer, Klaus: *Grundschule als pädagogisch gestalteter Lebensraum*, Hohengehren 2003.

103 Vgl. Menck, Peter: *Die Erziehung der Jugend zur Ehre Gottes und zum Nutzen des Nächsten – Die Pädagogik August Hermann Franckes*, Tübingen 2001.

104 Vgl. www.faz.net/aktuell/wissen/ab-in-die-botanik/probleme-im-schulsystem-ein-schulgarten-koennte-helfen-18651114.html (abgerufen am 02.02.2024).

105 Vgl. Jonas, Hans: *Das Prinzip Verantwortung – Versuch einer Ethik für die technologische Zivilisation*, Frankfurt 1979.

106 Vgl. https://bmcpublichealth.biomedcentral.com/articles/10.1186/s12889-022-13587-x (abgerufen am 02.02.204).

107 Vgl. Comenius: *Didactica Magna*, Nürnberg 1657.

108 Vgl. Schaarschmidt, Uwe (Hrsg.): *Halbtagsjobber* (2005).

109 Vgl. Hattie, John & Zierer, Klaus: *Visible Learning Unterrichtsplanung* (2020).

110 Vgl. Hattie, John & Zierer, Klaus: *Kenne deinen Einfluss!* (2021), S. 119 f.

111 Vgl. Hattie, John: *Visible Learning – The Sequel* (2023), S. 172 f.

112 Vgl. Wilber, Ken: *Das Wahre, Schöne, Gute*, Frankfurt 1987.

113 Vgl. Gardner, Howard: *Frames of Mind* (1983).

114 Vgl. Aristoteles, *Metaphysik*, VII 17, 1041b.

115 Vgl. Luhmann, Niklas: *Die Gesellschaft der Gesellschaft*, Frankfurt 1998.

116 Vgl. Deutsches PISA-Konsortium (Hrsg.): *PISA 2000 – Die Länder der Bundesrepublik im Vergleich*, Opladen 2002.

117 Vgl. Hattie, John: *Visible Learning*, New York 2008, und Hattie: *Visible Learning – The Sequel* (2023), sowie dazu www.tes.com/magazine/archive/research-reveals-teachings-holy-grail (abgerufen am 02.02.2024).

118 Beauftragter der Bundesregierung für die Belange von Menschen mit Behinderungen (Hrsg.): *Die UN-Behindertenrechtskonvention*, Berlin 2018, und dazu Saalfrank, Wolf-Thorsten & Zierer, Klaus: *Inklusion*, Paderborn 2017.

119 Vgl. www.uni-heidelberg.de/de/universitaet/geschichte (abgerufen am 02.02.2024).

120 Vgl. www.bundestag.de/dokumente/textarchiv/2019/kw47-frauenwahlrecht-669048 und www.bundestag.de/dokumente/textarchiv/2022/kw17-kalenderblatt-gleichberechtigungsgesetz-504286 (abgerufen am 04.02.2024).

121 Vgl. www.dzhw.eu/services/material/pressemitteilungen/PM_Bildungsbeteiligungsquoten.pdf (abgerufen am 02.02.2024), und Stifterverband für die Deutsche Wissenschaft: *Vom Arbeiterkind zum Doktor*, Essen 2021.

122 Vgl. Zierer, Klaus: *Gerechte Ungleichheit? Wie Bildungsgerechtigkeit gelingen kann*, Berlin 2015.

123 Vgl. Bonefeld, Meike & Dickhäuser, Oliver: »(Biased) Grading of Students' Performance – Students' Names, Performance Level, and

Implicit Attitudes«, in: *Frontiers in Psychologie*, 2018, https://doi.org/10.3389/fpsyg.2018.00481 (abgerufen am 03.02.2024).

124 Vgl. Zierer, Klaus: *Ein Jahr zum Vergessen* (2021), S. 18 f.

125 Vgl. Zierer, Klaus: *Ein Jahr zum Vergessen* (2021), S. 21–24.

126 Vgl. Böckenförde, Ernst-Wolfgang: *Staat, Gesellschaft, Freiheit. Studien zur Staatstheorie und zum Verfassungsrecht*, Frankfurt 1976, S. 60.

127 Seneca: *Epistulae morales ad Lucilium*, 106, 11–12.

128 Vgl. Rutter, Michael et al.: *15 000 Stunden* (1980).

129 Vgl. Jenkins, Lee: *Optimize Your School*, Thousand Oaks 2015.

130 Vgl. Zierer, Klaus: »Für die Freunde lernen wir!«, in: *Die Zeit*, 2020, Nr. 54.

131 Vgl. Fuchs, Brigitta: *Geschichte des pädagogischen Denkens*, Leverkusen 2019. Erwähnt werden müssen an dieser Stelle die anhaltenden Debatten rund um die Reformpädagogik. Seit den ersten Schriften stehen die wichtigsten Vertreterinnen und Vertreter in der Kritik. Waren sie anfänglich für viele zu reformfreudig, sind es heute die Konzepte, die teilweise durch die Forschung überholt sind, und auch die Biografien von so manchen Reformpädagogen, die zu Einsprüchen führen. Vor diesem Hintergrund ist ein differenzierter Blick wichtig.

132 Vgl. Montessori, Maria: *Meine Pädagogik*, Freiburg 2021.

133 Vgl. Key, Ellen: *Das Jahrhundert des Kindes*, Weinheim 2000.

134 Vgl. Dewey, John: »Education« (1911), in: *The Middle Works of John Dewey, 1899–1924*, Carbondale 1978, S. 426–450.

135 Vgl. Dewey, John: *The School and Society & The Child and the Curriculum*, Chicago 1956.

136 Vgl. Freire, Paolo: *Pädagogik der Unterdrückten*, Reinbek 1973.

137 Vgl. Freinet, Célestin: *Pädagogische Werke*, Paderborn 1998 und 2000.

138 Vgl. Kerschensteiner, Georg: *Begriff der Arbeitsschule*, München 1912.

139 Vgl. Kruger, Justin & Dunning, David: »Unskilled and Unaware of it« (1999).

140 Vgl. Habermas, Jürgen: *Auch eine Geschichte der Philosophie* (2019), S. 13.

141 Vgl. Hamann, Bruno: *Pädagogische Anthropologie*, Bad Heilbrunn 1998.

142 Kant, Immanuel: *Über Pädagogik* (1803), in: *Werke in 10 Bänden*, Band 10, Darmstadt 1983, S. 711.

143 Vgl. Klafki, Wolfgang: *Neue Studien* (1996), S. 43 f.

144 Vgl. Zöpfl, Helmut & Huber, Herbert: *Über Grundlagen von Bildung und Erziehung*, Donauwörth 1990, S. 103.

145 Herbart, Johann Friedrich: *Allgemeine Pädagogik aus dem Zweck der Erziehung abgeleitet*, Göttingen 1806, S. 17.

146 Vgl. Klafki, Wolfgang: *Neue Studien* (1996), S. 15 f.

147 Vgl. Klafki, Wolfgang: *Neue Studien* (1996), und Zierer: *Ein Jahr zum Vergessen* (2021), S. 68 f.

148 Vgl. Klafki, Wolfgang: *Neue Studien* (1996), S. 141 f.

149 Vgl. Hattie, John & Zierer, Klaus: *Kenne deinen Einfluss!* (2021), S. 132 f.

150 Vgl. Sacher, Werner: *Leistungen entwickeln, überprüfen und beurteilen*, Bad Heilbrunn 2004.

151 Vgl. Koenka, Alison C. et al.: »A Meta-analysis on the Impact of Grades and Comments on Academic Motivation and Achievement – A Case for Written Feedback«, in: *Educational Psychology*, 41/7, 2021, S. 922–947, und Zierer, Klaus: »Noten«, in: *Pädagogik*, 3, 2023, S. 58.

152 Vgl. Fend, Helmut: *Neue Theorie der Schule* (2008).

153 Vgl. Koenka, Alison C. et al.: »A Meta-analysis on the Impact of Grades and Comments« (2021), und Zierer: »Noten« (2023), S. 58.

154 Vgl. Hattie, John & Zierer, Klaus: *Kenne deinen Einfluss!* (2021), S. 147 f., und Wisniewski, Benedikt, Zierer, Klaus & Hattie, John: »The Power of Feedback Revisited«, in: *Frontiers in Psychology*, 2020, https://doi.org/10.3389/fpsyg.2019.03087 (abgerufen am 06.02.2024).

155 Vgl. Lesch, Harald & Forstner, Ursula: *Wie Bildung gelingt* (2020).

156 Vgl. Hattie, John: *Visible Learning – The Sequel* (2023), S. 87 f.

157 Vgl. Keller, John M.: *Motivational Design* (2010), und Klafki: *Neue Studien* (1996).

158 Vgl. Hattie, John & Zierer, Klaus: *Kenne deinen Einfluss!* (2021), S. 73 f.

159 Vgl. Hattie, John: *Visible Learning – The Sequel* (2023), S. 340 f.

160 Vgl. Zierer, Klaus: »Für die Freunde lernen wir!« (2020).

161 Vgl. »OECD Future of Education and Skills 2030 – OECD Learning Compass 2030 – A Series Of Concept Notes«, https://beta.oecd.org/content/dam/oecd/en/about/projects/edu/education-2040/concept-notes/OECD_Learning_Compass_2030_concept_note.pdf (abgerufen am 27.01.2024).

162 Vgl. Gardner, Howard: *Five Minds for the Future*, Cambridge (MA) 2009.

163 Vgl. www.ted.com/talks/sir_ken_robinson_do_schools_kill_creativity?referrer=playlist-the_most_popular_ted_talks_of_all_time&autoplay=true (abgerufen am 27.01.2024), und dazu Robinson: *You, Your Child, and School* (2018).

164 Vgl. https://koerber-stiftung.de/site/assets/files/31569/230721-korber-stiftung_eltern_im_fokus-web.pdf und www.ifo.de/DocDL/sd-2023-09-woessmann-etal-bildungsbarometer-2023.pdf (abgerufen am 06.02.2024).

165 Vgl. www.focus.de/familie/schule/befragung-des-ifo-instituts-zufriedenheit-mit-deutschen-schulen-auf-einem-tiefstand_id_203245678.html (abgerufen am 06.02.2024).

166 Vgl. www.bllv.de/themen/erziehungspartnerschaft/umfrage (abgerufen am 06.02.2024).

167 Vgl. Hattie, John: *Visible Learning – The Sequel* (2023), S. 125 f.

168 Vgl. Tausch, Reinhard & Tausch, Anne-Marie: *Erziehungspsychologie – Begegnung von Person zu Person*, Göttingen 1998, und Baumrind, Diana: »Parenting Styles and Adolescent Development«, in: Lerner, Richard M. et al. (Hrsg.): *Encyclopedia of Adolescence*, Bd. 11, New York 1991, S. 746–758.

169 Vgl. Hart, Betty & Risley, Todd R.: »The Early Catastrophe – The 30 Million Word Gap by Age 3«, in: *American Educator*, 2003, S. 4–9, und Lesch & Forstner: *Wie Bildung gelingt* (2020).

170 Vgl. Rosenthal, Robert & Jacobson, Lenore: »Teachers' Expectancies – Determinants Of Pupils' IQ Gains«, in: *Psychological Reports*, 19, 1966, S. 115–118.

171 Vgl. Maitz, Katharina et al.: »Zusammenhang der Leseverständnisleistungen mit sozialen Herkunftsfaktoren bei SchülerInnen der dritten Schulstufe«, in: *Zeitschrift für Grundschulforschung*, 11, 2018, S. 147–160.

172 Vgl. Postman, Neil: *Wir amüsieren uns zu Tode – Urteilsbildung im Zeitalter der Unterhaltungsindustrie*, Frankfurt 1988.

173 Vgl. Mogel, Wendy: *The Blessings of a Skinned Knee – Using Jewish Teachings to Raise Self-Reliant Children*, New York 2001, S. 209 f.

174 Vgl. Montessori, Maria: *Meine Pädagogik* (2021).

175 Vgl. Hattie, John & Hattie, Kyle: *Visible Learning for Parents*, New York 2022.

176 Schiller, Friedrich: »Ueber die ästhetische Erziehung des Menschen«, in: *Die Horen*, Band 1, Tübingen 1795, S. 88.

177 Kästner, Erich: *Kurz und bündig – Epigramme*, München (Erstausgabe 1950, Atrium Zürich), S. 13.

178 Vgl. Maas, Rüdiger: *Generation lebensunfähig*, München 2021.

179 Vgl. Müller, Silke: *Wir verlieren unsere Kinder*, München 2023.

180 Vgl. www.youtube.com/watch?v=4HTblX-YbyI (abgerufen am 29.03.2024).

181 Vgl. Klafki, Wolfgang: *Neue Studien* (1996), S. 15 f.

182 Vgl. Bronner, Gérald: *Kognitive Apokalypse*, München 2022.

183 Vgl. www.ladbible.com/community/viral-teacher-recorded-a-staggering-800-phone-alerts-from-pupils-in-one-day-20200212; www.youtube.com/watch?v=m6h7VkGw6uU oder https://bildung.social/@HJB (abgerufen am 06.02.2024).

184 Vgl. Ward, Adrian F. et al.: »Brain Drain – The Mere Presence of One's Own Smartphone Reduces Available Cognitive Capacity«, in: *Journal of the Association for Consumer Research*, 2, 2017, S. 140–154, und dazu Böttger, Tobias, Poschik, Michael & Zierer, Klaus : »Does the Brain Drain Effect Really Exist?« (2023), S. 751.

185 Vgl. Cheever, Nancy A. et al.: »Out of Sight is not out of Mind – The Impact of Restricting Wireless Mobile Device Use on Anxiety Levels among Low, Moderate and High Users«, in: *Computers in Human Behavior*, 37, 2014, S. 290–297.

186 Vgl. Zierer, Klaus: *Lernen 4.0* (2020).

187 Vgl. Sanders, Taren et al.: »An Umbrella Review of the Benefits and Risks Associated with Youths' Interactions with Electronic Screens«, in: *Natural Human Behaviour*, 8/1, 2024, S. 82–99.

188 Vgl. Deci, Edward L. & Ryan, Richard M.: »The ›What‹ and ›Why‹ of Goal Pursuits – Human Needs and Self-Determination of Behavior«, in: *Psychological Inquiry*, 11/4, 2000, S. 227–268.

189 Vgl. Csikszentmihalyi, Mihaly: *Das flow-Erlebnis* (2010).

190 Vgl. Bronner, Gérald: *Kognitive Apokalypse* (2022).

191 Vgl. Grefe, Christiane: *Ende der Spielzeit – Wie wir unsere Kinder verplanen*, Reinbek 1995.

192 Vgl. Benjamin, Walter: *Gesammelte Schriften*, Frankfurt 1991.

193 Vgl. Camus, Albert: *Der Mythos des Sisyphos*, Reinbek 2004.

194 Camus, Albert: *Der Mythos des Sisyphos* (2004), S. 159.

195 Vgl. Einstein, Albert & Born, Hedwig und Max: *Briefwechsel 1916–1955*, Reinbek 1972, S. 97 f.

196 Vgl. Hattie, John: *Visible Learning – The Sequel* (2023), S. 106.

197 Vgl. Mischel, Walter: *The Marshmallow Test – Mastering Self-Control*, New York 2014.

198 Vgl. Hattie, John & Zierer, Klaus: *Kenne deinen Einfluss!* (2021), S. 36 f.

199 Vgl. dazu Geißler, Karlheinz A. & Geißler, Jonas: *Time is honey – Vom klugen Umgang mit der Zeit*, München 2017, S. 189–195, https://oekom-verein.de/wp-content/uploads/2020/06/oekom-podcast_6-Geissler-time_is_honey-1.pdf (abgerufen am 31.03.2024).

200 Vgl. Hattie, John: *Visible Learning – The Sequel* (2023), S. 327 f.

201 Vgl. Zierer, Klaus: *Ein Jahr zum Vergessen* (2021).

202 Vgl. Blatchford, Peter & Russell, Anthony: *Rethinking Class Size* (2020), S. 32 f., und Hattie, John: *Visible Learning – The Sequel* (2023), S. 184 f.

203 Vgl. Hattie, John: *Lernen sichtbar machen* (2014), S. 24 f.

204 Vgl. z. B. https://college.jobs.ac.uk/article/sage-on-the-stage-or-guide-on-the-side-/ (abgerufen am 31.03.2024).

205 Vgl. Kruger, Justin & Dunning, David: »Unskilled and Unaware of it« (1999).

206 Vgl. Lesch, Harald & Forstner, Ursula: *Wie Bildung gelingt* (2020).

207 Vgl. Platon: *Politeia*, 562.

208 Vgl. Deci, Edward L. & Ryan, Richard M.: »The ›What‹ and ›Why‹« (2000).

209 Vgl. Nida-Rümelin, Julian & Zierer, Klaus: *Demokratie in die Köpfe* (2023), S. 52 f.

210 Vgl. Nida-Rümelin, Julian & Zierer, Klaus: *Demokratie in die Köpfe* (2023), S. 122 f.

211 Vgl. Hattie, John: *Visible Learning – The Sequel* (2023), S. 418, und Nida-Rümelin, Julian & Zierer, Klaus: *Demokratie in die Köpfe* (2023), S. 166 f.

212 Vgl. Zierer, Klaus: *Können Kinder Moral lernen? Studien zur Werte- und Moralerziehung*, Hohengehren 2013.

213 Vgl. Kohlberg, Lawrence: *Die Psychologie der Moralentwicklung*, Frankfurt 1996.

214 Vgl. Zierer, Klaus: *Können Kinder Moral lernen?* (2013).

215 Vgl. www.ted.com/talks/sir_ken_robinson_do_schools_kill_creativity?referrer=playlist-the_most_popular_ted_talks_of_all_time&autoplay=true (abgerufen am 27.01.2024), und dazu Robinson: *You, Your Child, and School* (2018).

216 Vgl. Lesch, Harald & Forstner, Ursula:: *Wie Bildung gelingt* (2020).

217 Vgl. Zierer, Klaus: *Prinzip Freude*, München 2021.